若手教員の力を引き出す

研修でつかえる
生徒指導事例50

Fujihira Atsushi
藤平　敦

国立教育政策研究所　生徒指導・進路指導研究センター　総括研究官

学事出版

［はじめに］

　同じような学校が、同じように朝のあいさつ運動を行っていても、一方の学校は不登校の数が減少して、もう一方は増加するということがあります。

　同様に、同じ経験年数の教師が、同じ教材で授業を行っていても、一方の授業は落ち着いていて、もう一方の授業は騒がしいという状況もよく見られます。

　同じような働きかけをしているのに、なぜ、このような差が出るのでしょうか。原因はいったい何なのでしょうか。

　ある企業の経営者が「技術は練習をすれば誰でも身につけることができるが、人を思いやり、感謝をするなどの心は練習して身につくものではない」、「心が技術を育てるのであり、その逆はない」と言っています。

　私は仕事で全国の様々な地域の研修会等で、先生方とお話をする機会をいただいたり、小・中・高等学校での授業を参観させていただいています。その中で「問題が起こりやすい学校（学級）」と「起こりにくい学校（学級）」、「落ち着いた学習環境を維持している学校（学級）」と「維持できていない学校（学級）」の違いは、教師の技術ではなく意識と行動の差であることを強く実感しています。

　本書で取り上げている50事例は、どれも私が実際に目にしたり、学校関係者の方々から伺ったりしたものです。これらの事例は、小・中・高等学校における若手教師の実践を集めたものですが、経験豊富な教師の方にとっても、自身の教育活動を振り返る契機にもなると確信しています。また、どの事例も教師の意識と行動に焦点をあてたものなので、学校種を超えて参考にできると思います。

　本書を活用することで、各地域の教育委員会や学校で行う研修の内容がより一層深められたら、これほどの喜びはありません。

　ぜひ50の事例から、「想いを子どもの心に正確に届けられている教師は、どのような意識や行動をもって日々の教育活動をしているのか」を感じ取っていただけますと幸いです。そして、「学校の主役は一人一人の子どもたち」——この言葉をより意識することで、これまで以上に笑顔が絶えない子どもたちをはぐくまれますことを心より祈念しております。

平成28年11月

国立教育政策研究所　生徒指導・進路指導研究センター

総括研究官　藤平　　敦

本書の構成と使い方

　本書の事例は、すべて見開き2ページで構成されています。
　左側のページには「事例」を、右側のページには事例全体に対する「解説」と、事例中に下線部で示した留意すべき教師の意識と行動を「ポイント」として配置しています。
　本書は、タイトルにもあるように、教職員の研修会などで活用できることを主目的としています。もちろん、読み物としても十分に参考になりうるものです。

　研修では、参加者の力量などに応じた使い方ができます。

活用方法の例

- 見開き2ページで印刷。配付して参加者で協議する。
- 最初は「事例」のみ配付。下線部分と事例全体についての協議をした後で、「解説」と「ポイント」を配付し、参加者の意見と比較する。
※その際、「事例」の下線を消して印刷・配付し、「当該事例における教師の意識と行動のポイントはどこか？」の協議から始めると研修がより深まると思います。
- 自校の課題意識をより明確にするために、一つの事例を印刷・配付して、自校の状況に応じた事例に書き直す作業を行う。

※上記以外にも、状況に応じて、どのような研修ができるのかを考えて、工夫をすることは研修を企画する方の醍醐味でもあると思います。

　本書の事例は、場面や状況などに応じて「子ども理解」、「学級経営」と授業での場面や保護者との関わりなども含めた「生徒指導」と、おおまかに3つのカテゴリーに分けて、それぞれの事例にタイトルとともに、解説のタイトルとキーワードをつけています。
　必ずしも一番目の事例から順番どおりに読み進める必要はありません。タイトルなどから興味を持った事例や、研修会のテーマにふさわしいと考えられる事例から活用してみてください。
　なお、表記については、「子ども」「児童」「生徒」、「教師」「教諭」、「初任者」「新任」などと、各事例内では統一してありますが、事例全体においては、学校段階が異なることなどにより、表記の統一はしていないことをご容赦ください。

研修でつかえる生徒指導事例50 若手教員の力を引き出す　もくじ　★藤平 敦

はじめに …………………… 2

本書の構成と使い方 …………………… 3

第1章　児童生徒理解
　　　　～子ども主体に考える～

事例1	子どもがつまずいている原因を見極める	8
事例2	子どもにわかる喜びを実感させる工夫をする	10
事例3	学ぶことの楽しさを教えてあげる	12
事例4	子どもが「どのように学ぶのか」を考える	14
事例5	あいさつが心の扉を開ける	16
事例6	気にならない子どもも注意深く観る	18
事例7	子どもの興味・関心を尊重する	20
事例8	生徒の部活動への声に耳を傾ける	22
事例9	子どもへの言葉かけを肯定的にする	24
事例10	特別な支援が必要な子どもを理解する	26
事例11	教師はスキルで話をしない	28
事例12	生徒に自信をつけさせる	30
事例13	出席簿の整理で見えてくること	32
事例14	生徒とのつながりを切らないという意識を持つ	34
事例15	集団指導を通して個を育成する	36
事例16	適切な時期に適切な支援をする	38

第2章　学級経営
　　　　～子ども同士をつなげる～

事例17	いじめがないときにこそ注意をする	42
事例18	教室環境を適切に整備する	44
事例19	「ソーシャルスキルトレーニング」を行う目的は？	46
事例20	取組の意図を明確に伝える	48
事例21	集団生活の大切さを地道に伝える	50
事例22	課題意識を持たせてから話し合いをする	52

事例23	子どもが孤立しないような仕掛けを考える	54
事例24	教師の言葉を30％削減する	56
事例25	教室の掲示物を工夫する	58
事例26	小学校低学年はたくさん遊ばせる	60
事例27	子どもの良いところを探す	62
事例28	生徒同士が仲良くなるきっかけをつくる	64
事例29	子どもといっしょになって遊ぶ	66
事例30	人の話を聴いて自分の意見を言えるような場をつくる	68
事例31	特定の生徒に遠慮しない	70

第3章　生徒指導
～教師の意識と行動を振り返る～

事例32	指導か体罰か？	74
事例33	子どもが質問しやすい振る舞いをする	76
事例34	教師の役割を意識する	78
事例35	子どもが夢中になれることを提供する	80
事例36	子どもには質問形式で声かけをする	82
事例37	いじめのとらえ方を正しく理解する	84
事例38	子どもが発言する機会を意図的につくる	86
事例39	保護者が求めていることを常に意識する	88
事例40	安全な部活動を常に意識する	90
事例41	学校はチームで仕事をする場所	92
事例42	情報モラルの大切さを伝える	94
事例43	授業の中で子どもたち同士の絆をはぐくむ必要性とは	96
事例44	部活動を引き継いだ顧問の在り方とは	98
事例45	競技未経験の部活動顧問の行動とは	100
事例46	「判決書教材」を活用した授業の実践	102
事例47	栽培活動は生命尊重の気持ちにつながる	104
事例48	「違反切符」を交付する指導は有効か？	106
事例49	あいさつの意義を考える	108
事例50	学校は塾ではない	110

★学校教育は「教師が子どもを育てる」ことに間違いはありませんが、正確には「子どもが自分で育つように（教師が）働きかける」ことではないでしょうか。それゆえ、学校教育では、課題を抱える子どもへの指導のみではなく、すべての子どもたちが発達段階に応じて自己指導能力を身につけるように働きかけること（＝本来の生徒指導）が必要だと思います。

Fujihira Atsushi

第 1 章

児童生徒理解

～子ども主体に考える～

子どもがつまずいている原因を見極める

　新任教員としてA教諭が赴任したN市のW小学校は大変な状況であった。市内の学力テストでは学校全体の成績が「読み書き」や「計算力」など、国語と算数の全項目で市平均を大きく下回っていた。

　5年生の学級担任を受け持つことになったA教諭は、①「この子はなぜこんなにも算数ができないのでしょうか？」と前年度までの担任の先生に尋ねると、「算数ができないのではなくて、問題が読めないのです」という答えが返ってきた。

　赴任から1ヶ月ほどしたある日の休み時間に、学級内のB男が「先生、僕は馬鹿だし、いないほうがいいんでしょう？」と真面目な顔で言った。

　「なぜ、そんなことを言うの？」

　「だって、お母さんが毎日そう言うから」

　A教諭は、子どもたちに注意をすると、「どうせ俺はアホだから」、「どうせ何をやってもできないから」などと口癖のように言っていることを、ふと思い出した。

　W小学校では全校児童650人中、12人に一人は朝食を食べてこない。遅刻する児童も毎日平均20人はいる。提出物も全員が提出し終えるのに1ヶ月近くかかる。幼いきょうだいの面倒をみるため、家で宿題ができない子もいる。校区内には家賃が安い住宅がたくさんあり、失業や離婚をした家庭が多い。児童の4人に一人はひとり親家庭で、約4割が生活保護か就学援助を受けている。自尊心や学習意欲をはぐくめる環境にない子どもが多い。

　②A教諭は、まず第一に、子どもたちに基礎学力を身につけさせる必要性を感じ、放課後に補習をすることにした。

　1学期は九九の復習から始め、2学期は2桁の掛け算に進んだ。掛けたあとの数字を足し合わせる段になると、何人かの児童の手が止まった。③「そうか、繰り上がりの足し算でつまずいていたんだ」とA教諭は心の中で叫んだ。

　つまずく前のところまで立ち返って教えると理解が進み、徐々に問題を解く時間が速くなってきた。④ほめられると自信がつき、さらに上のレベルの問題をやりたいと意欲がわいた。

　2学期の終わり頃には、「どうせ俺なんか……」という言葉は誰からもでなくなった。

困った子は困っている子

KEY WORD: 基礎学力・自尊感情・家庭状況

「子どもの姿は家庭の大変な状況を映しています」、「表面的に困った子だと感じている子は、実は困っている子なんです」は、W小学校のM校長先生の叫びである。

しかし、一般的に「親が朝起きられない」、「小さな弟や妹の面倒をみなくてはいけないため、家庭で宿題もできない」など、様々なことに気づくことはあっても、子どもに対して何をしたらよいのかがわからずに、具体的な対応に踏み出せないことが少なくない。

A教諭は、基礎学力をつける必要性を感じ、実際に補習を始めたことで、子どもが算数のどこでつまずいているのかを発見した。

今、目の前の子どものために何をすることが一番よいかを見極めるためにも、その子どもに関係している（いた）先生方と積極的に意見交換をすることは大切なことである。そして、子どもの状況や性格などを十分に把握したうえで、子どもが自信を持って活動できるように働きかけをすることが教師には求められている。

ポイント

❶ささいなことでも、前年度の担任教師など、該当する子どものことについて把握している人に情報を求めることは、子どもに対するより適切な指導・支援に結びつくことである。

❷子どもたちに基礎学力を身につけさせることは、教師として何よりも重要である。その際、ただ単に答えを教えるのではなく、勉強の仕方を教えることが大切である。

❸教師は子どもたちが、「なぜできないのか」、「どこに原因があるのか」を見極めようとすることが大切である。そうすれば、「どうすればよくなるのか」が見えやすくなるだろう。

❹子どもには「わかる喜び」とともに、「できる喜び」を実感させることが大切である。それが、子どもの学習意欲をはぐくむことにつながることである。

子どもにわかる喜びを実感させる工夫をする

　X小学校に赴任したJ教諭は講師経験が豊富な30歳。4月から正規採用となり、毎日が希望で満ちあふれていた。

　4月中旬のある日、校内一斉で算数の確認テストが行われた。J教諭が担任している5年生は4年生で習った内容が出題される。

　テストが始まって数分も経たないうちに、F男が廊下に出てうろうろしている。J教諭も廊下に出た。「どうした？　具合でも悪いのか？」、「……具合は悪くない……どうせ0点だから……」。F男は下を向いたまま小さな声で答えた。

　F男は4年生どころか、3年生までの学習内容も理解できていない。自宅は落ち着いて勉強できる環境ではなく、宿題もほとんどやらず、遅刻が多いことを前担任から申し送られていた。

　「席に戻ろう」とJ教諭に促されて、F男は自分の席に戻った。しかし、テスト用紙を両ひじで覆って隠すようにして、すき間から問題を見つめているだけであった。

　終了のチャイムが鳴った。最後列の児童がプリントを集めていくが、F男は渡さない。①休み時間になっても、プリントを前にして座ったままである。目にはうっすらと涙をためている。

　翌週から、②J教諭は個々のレベルに応じたプリント学習を毎朝15分間行うことにした。科目は算数と国語（漢字）で、レベルに応じた5種類のプリント（小学1年生から5年生までに習う内容）を用意した。③児童は自分の力に合ったプリントを自分で選ぶ。F男は小学1年生の内容のプリントを選んだ。

　「用意はいいかな？　よーいスタート」。J教諭はストップウォッチのボタンを押す。F男は毎回集中して取り組み、徐々に回答タイムを短縮していった。2ヶ月後には3年生で習う内容のプリントを選ぶようになった。

　「先生、勉強って楽しいね」。F男の口からこのような言葉が出る頃には、宿題もきちんと提出し、遅刻もしなくなっていた。さらに驚いたことに、学級内から「勉強がよくわかるようになった」という声が多くの児童から聞かれるようになった。④半年後、J教諭は周囲の教師から「明るく楽しい学級をつくれていますね」という言葉をかけられるようになった。

教師は子どものためにいる

KEY WORD

テスト・毎朝のプリント学習・学習指導と生徒指導

　国立教育政策研究所生徒指導・進路指導研究センターが進めている全国規模の「魅力ある学校づくり調査研究」では、「授業がよくわかる」という児童生徒が増加するにつれて、「学校が楽しい」と実感する生徒も増加し、さらに、不登校の新規出現率も減少するという結果が確認できる。

　J教諭は、校内一斉の確認テストを契機として毎朝のプリント学習を始めた。これは、学習が著しく遅れているF男のみを対象とした補習などではなく、学級内のすべての児童を対象としたことが賞賛できる。学習が遅れている子どものみを対象として補習などを行う場合が一般的であると思うが、F男ほどではないにしろ、勉強がわからないと感じている子どもは少なくないだろう。このことは、F男以外の多くの児童も「勉強がよくわかるようになった」と実感するようになったということからも明らかである。

　勉強がわかるようになったことで、子どもたちの表情も明るくなり、学級内の雰囲気もよくなった。子どもはわかる喜びを実感することで、学習意欲も高まり生活習慣も変わる。改めて、学校のキーワードは「授業」と「集団」であると考えさせられる。

　「学校教育において、学習指導と生徒指導は車の両輪である」とはよく聞かれることである。しかし、「授業は授業、集団づくりは別の機会に」ではなく、授業を工夫し、地道に継続することで明るく楽しい集団をつくれる。本事例はすべての教師に元気を与えてくれる実践である。「学校は子どものためにあり、教師は子どものためにいる」。

ポイント

❶子どもは誰でも勉強がわかるようになりたいと思っている。勉強が遅れる要因は様々であり、たとえ本人の怠けが原因であったとしても、教師は勉強ができない子どもの気持ちは理解してあげたい。

❷「毎朝15分間行う」というところに着目したい。「継続は力なり」ということわざがあるように、学習の定着は日々の地道な積み重ねによるものである。

❸自分の力にあったプリントを選択するという働きかけはとてもよいことである。このような働きかけは、子どもが自分自身のことを客観的に見ることにもつながる。ただし、学級内にレベルの低い問題を選択したことで、周囲から馬鹿にされるような雰囲気がないことが前提であることは言うまでもない。

❹一人一人の子どもに「勉強がわかることの喜び」や「達成感」を感じられるような働きかけをしたことが、結果的に「明るく楽しい学級」につながったということは、学校教育のあるべき姿が感じられて気持ちがよい。

学ぶことの楽しさを教えてあげる

事例 3

　M高等学校のA教諭は1学年付きの副担任。担当教科は英語。校務分掌は進路指導部である。M高校は、最近5年間の大学進学実績が目覚ましいことから、県内では注目されている学校の一つである。そのため、毎年、難関大学への進学を希望する生徒が数多く入学している。

　1学年の全クラスの授業を担当しているA教諭は、3年後に生徒全員が希望の大学に合格できるように、毎回たくさんの宿題を出している。ただし、宿題の内容は「教科書の英文をノートに5回書き写す」、「新出単語ひとつにつき、30回ノートに書く」などと、自ら考えなければできないような宿題ではなく、身体に覚え込ませるような暗記ものばかりであった。

　真面目な生徒たちは部活動で疲れた身体に鞭を打ちながらも、毎回、夜中までかけて、このような宿題をこなしていた。

　2学期のある日、いつものように、A教諭が授業の終了間際に宿題の指示を出したところ、生徒のB男が立ち上がった。

　B　男「先生、もっと違った内容の宿題を出してくれませんか？　何だか時間の無駄のような気がして……」
　A教諭「①無駄なことをやることも必要だぞ。3年後に君も理解できると思う。先生の高校時代がそうだったからね」
　B　男「②でも……やる気が出ないんです」
　A教諭「そうか……。とにかく、私は今までどおりの宿題を出すよ。やる、やらないは君の意思次第だな。③私はそれに対して評価をするだけだよ」
　B　男「……」

　B男が英語の宿題について相談した④担任教師も「皆も頑張っているのだから、もう少し頑張ってみなさい」と言うだけであった。
　B男は、しばらくはモヤモヤした気持ちのまま宿題をこなしていた。しかし、徐々に学校に行くことにも苦痛を感じるようになってきた。11月中旬には、B男は朝も起きられなくなり、遅刻や欠席を繰り返すようになった。3学期、B男はほとんど登校できなくなった。

能動的に勉強するように働きかける

KEY WORD
宿題・進学実績・評価

　近年、本事例のような事例が全国各地で散見されている。また、地域内でトップの進学校と評価されている高校で、このような事例が訴訟問題にまで発展しているケースも少なくない。

　3年後の大学入試で生徒に合格をさせたいというA教諭の気持ちは理解できる。しかし、宿題を出すこと自体がA教諭の満足感につながってはいないだろうか。そもそも、宿題は学校で習得すべき内容を定着させるためや、家庭学習の習慣化などを目的とするものではないだろうか。

　国際数学・理科調査のTIMSS（小学4年生と中学2年生を対象に4年に1度実施）の結果を見ると、日本の平均得点は世界でも最上位に位置している。しかし、同時に行っている質問紙調査で「勉強は楽しい」と回答した割合は、毎年、世界でほぼ最下位。

　つまり、「成績上位層でも勉強が楽しくない」が、日本の子どもの現状なのである。換言すると「勉強は嫌いだけど、勉強ができる」のが日本の子どもであるとも言える。大学入学後に「これで、やっと勉強から解放される」などとつぶやく学生が少なくないとも聞く。何て寂しい話なのだろうか。

　子どもたちが勉強を楽しいと思わない限り、能動的に勉強することはない。「学ぶことは楽しい」と子どもたちが実感できるような働きかけを教師がして、その働きかけによって子どもたちが主体的に学ぶ姿を目にできることは、教師として本当に楽しいことである。

ポイント

❶なぜ無駄なことをやることが必要なのかの説明をしてあげたい。自らの高校時代の成功体験を具体的に伝えたい。

❷生徒の「やる気が出ない」という言葉は真摯に受け止めたい。教師は生徒が少しでも意欲を持てるように働きかけたいものである。

❸評価権のある教師が、「やらないと評価が下がるよ」の意味を含んだことを生徒に言うことは、ある意味、脅してやらせるという図式である。教師は生徒が意欲を持てるように、肯定的な働きかけをしたい。

❹最終的に「もう少し頑張ってみなさい」と言うことになったとしても、B男の話を親身になって聞いてあげたい。教師は助言をすることも必要であるが、まずは、生徒の話をよく聴いてあげることが大切である。

子どもが「どのように学ぶのか」を考える

　初任者のH教諭は、P高等学校の国語科教員として着任した。主に2年生を担当している。

　4月当初、授業中に漫画や携帯メールなどに夢中になっている生徒が少なくない。当然、H教諭はそれらの行為に対して注意をする。①注意された生徒はその場では行為を改めるものの、数分後には同じ行為を繰り返すという状況であった。

　②H教諭は担任教師や先輩教師などに助言を求める。どの先生からも「生徒が興味・関心を持つような授業を考えなさい」というアドバイスが返ってきた。

　6月に入り、H教諭は2年生の「国語総合」の授業で、古典の物語を現代の物語に書き換える作業をグループ別に行う活動を考えた。物語の選定から、ストーリーの作成までのすべてを、グループ内での話し合いを通して行うように働きかけた。

　具体例としては、③「竹取物語」の現代版として、竹から携帯電話を持って出てきた48人の子どもたちが「かぐや姫48」として歌手デビューするまでのストーリーなど、生徒たちは、毎時間楽しそうに活動をしていた。

　④1学期最後の授業では各グループがオリジナルの物語を発表し合った。物語は学級ごとに編集して冊子として残した。

　この活動を通して、生徒たちからは「グループ活動が楽しかった」、「物事を想像することは楽しい」、「むずかしいイメージがあった古典にも興味が持てるようになった」という声が聞かれているという。

　2学期、授業中に携帯電話や漫画を読んでいる生徒は大幅に減少した。逆に、昼休みや放課後には、図書館や進路指導室で、3年生に混じって将来の進路について真剣に考えている多くの2年生の姿が見られるようになった。

　H教諭は、「生徒に国語を好きになってほしいと始めた活動がここまで効果が上がるとは予想すらしなかった」と話している。

解説 かぐや姫48

KEY WORD

グループ活動・子どもの発想・見える化

　本事例において、H教諭が実践した「古典の物語を現代の物語に書き換える作業をグループ別に行う」活動は大変興味深い。現代社会では、①「物事を表現する力や創造する力などを身につける」、②「我々の先人が築き上げてきた伝統と文化を尊重する」、③「豊かな感性や情緒を備え、幅広い知識や教養を持つ」ことが求められている。本事例はこれらの様々な能力をはぐくむことと大きく関連している。つまり、教科の学習が(生徒の)将来の生活と結びついており、生徒の進路意識を高めることにつながっている。このことは、特に高校での生徒指導やキャリア教育が目指していることでもある。

　また、グループ別での話し合い活動は、現行の学習指導要領(国語科)の目標でもある、「言葉で伝え合う力を高めるとともに、思考力や想像力を伸ばし、言語文化への関心を深めること」にも結びついている。さらに、生徒の達成感を冊子として目に見えるようにしたことは、本人たちには大きな自信となることだろう。H教諭は「生徒に国語を好きになってほしい」と願ってこのような活動を行った。このことにこそ教育の原点があるのではないか。なぜなら、教師には学校教育の目的である「生徒が主体的に学ぶ」ように働きかけることを求められており、そのためには、生徒に授業の内容に興味・関心を持ってもらうことが欠かせないからである。

　教育とは、教師が「一方的に子どもを育てる」のではなく、「子どもが自分で育つように働きかける」ことであり、その働きかけ自体が生徒指導やキャリア教育であると言える。H教諭の実践には、生徒指導やキャリア教育のエッセンスが詰まっている。

ポイント

❶教師は、「なぜ、生徒は注意をされても、数分後に再度、同じ行為を繰り返すのか」ということを考えたい。そして、どうしたら、そのような行為をせずに、授業に集中するのかということを考えることが最も大切なことである。

❷初任者教員が、他の教師に相談をしたり、意見を求めることは、決して恥ずかしいことではない。むしろ、自分の視野を広げ、指導の幅が広がることにもなる。

❸竹から携帯電話を持って出てきた子どもたちが歌手デビューをするという発想は、生徒ならではの発想である。子どもには、発想も含めて、あらゆる可能性があるものだと改めて考えさせられる。

❹グループ活動をしたことを、自分たちの言葉で発表し合うことはとても意義深いことである。発表した生徒の充実感とともに、他のグループの発表を聴くことで、新たな視点を知る機会にもなる。

あいさつが心の扉を開ける

　Y中学校に赴任したK教諭は3月に大学を卒業したばかり。担当教科は国語で、1学年の副担任を務めている。

　Y中学校では、①朝の登校時に手が空いている副担任が正門前で生徒に声かけをすることにしている。しかし、勤務時間前であるため、声かけに出て行く教師は毎日1～2人で、誰も出て行かない日も珍しくなかった。K教諭は毎朝、喜んで正門に出て行き、登校してくる生徒一人一人に「おはようございます」と元気よく声かけをしている。

　4月当初、K教諭は大きな声であいさつをするが、ほとんどの生徒が無反応である。他の副担任も1～2日声かけを試みていたが、生徒が無反応であったため、正門には出て行かなくなっていった。

　しかし、②初任者のK教諭は、自分自身が通った小中学校では、毎朝、当然のようにあいさつ運動が行われていたことから、生徒の無反応にも気後れすることなく、地道に声かけを継続していた。

　徐々に、K教諭の声かけに反応を示す生徒が増えてきた。まず、ちらっとK教諭を見てうなずきはじめた。4月下旬になると、③小さな声ではあるが、「おはようございます」と言い返してくれるようになった。

　5月の連休後には、生徒のほうから「先生、おはよう」とあいさつをしてくれるようになった。さらに、「先生、今日も朝から元気だね」、「いつも元気百倍だよ！」、「毎日、勉強と部活の両立で大変」、「でも、がんばれ！」などと、④簡単な言葉も交わすようになった。

　生徒の反応に変化が見えるようになってくると、他学年のベテラン教師もK教諭に「毎日、ご苦労さん」、「おかげさまで、生徒の表情が明るくなってきたよ」などと、話しかけてくれるようになった。

　6月に入り、梅雨期にもかかわらず、声かけをする教師が徐々に増えてきた。

　1学期末の職員会議では、2学期から全教職員が輪番制で朝のあいさつ運動をすることが、全員一致で可決された。

子どもにあいさつを強要しない

KEY WORD

あいさつ・子どもへの声かけ・無反応

現行の『中学校学習指導要領解説 総則編』（平成29年告示）の「生徒の発達を支える指導の充実（第1章第4の1の〔2〕）」には、「生徒が、自己の存在感を実感しながら、よりよい人間関係を形成し、有意義で充実した学校生活を送る中で、現在及び将来における自己実現を図っていくことができるよう、生徒理解を深め、学習指導と関連付けながら、生徒指導の充実を図ること」と記載されている。本事例において、K教諭は生徒が無反応であるにもかかわらず、ただ単に自身が小中学校時代に経験した登校時のあいさつ運動を、当然のこととして実行し続けただけであろう。

K教諭は生徒にあいさつを決して強要していない。このことが、生徒の心の扉を少しずつ開けることになったのみならず、前述した「生徒の発達を支える指導の充実」の「生徒が、自己の存在感を実感しながら、よりよい人間関係を形成し、有意義で充実した学校生活を送る中で、現在及び将来における自己実現を図っていくことができるよう……」とも合致することになっている。もし、K教諭が生徒にあいさつを返すまで何度も声かけをしたとしたら、生徒の反発を招いたかもしれない。生徒が無反応であったために、継続して声かけをしなかった教師は、心のどこかであいさつの強要をしていたと思われる。もちろん、あいさつの形を教えることを目的として行うあいさつ運動が間違っているとは言えない。しかし、教師は生徒が自ら進んで行動できるような工夫をしたい。

一つのあいさつに反応してあいさつを返す。この単純な行為の繰り返しが、人と人との距離を縮めてくれる。本事例からは、「教師の前に一人の人間である」という人間社会において、最も大切なことを改めて確認できる。

K教諭の実直までの行動は生徒のみならず、教師の心の扉まで開けた。

ポイント

❶朝の「あいさつ運動」（声かけ）を行う目的を明確にしたい。目的は「あいさつの大切さを教える」ことなのか、それとも「子どもの健康状態を確認すること」なのか、「遅刻の予防」なのか。明確な目的を理解すれば、教師の働きかけも違ってくるだろう。

❷K教諭は自身の経験から、あいさつの大切さや楽しさを知っていることと思われる。また、「恥ずかしさもあり、最初は無反応が当たり前」ということも理解しているからこそ、生徒の無反応にも気後れすることなく声かけを継続しているものと思われる。

❸あいさつの声は大きいことにこしたことはない。しかし、小さな声でも「おはようございます」と言おうとしている子どもを認めてあげたい。認められたことで、子どもはあいさつを継続するようになり、声も大きくなっていくかもしれない。

❹あいさつのみではなく、言葉を交わすことで、いつのまにか、教師と生徒の距離が縮まっていくと思う。このことは、教師同士でも同じことが言えるのではないだろうか。

気にならない子どもも注意深く観る

　児童数の多いP小学校に赴任したD教諭は3月に大学を卒業したばかりの初任者である。D教諭は3年2組の学級担任を受け持っている。

　4月当初のD教諭は毎日が不安と緊張の連続であったが、①「学級内の児童全員が1年間、安全に、そして安心して問題なく学校生活を送れるようにする」という目標を立てるなど、希望に満ちていた。

　5月の連休後、D教諭は職員室に「イエローボックス」とネーミングした箱を設置した。そして、同学年の先生方はもちろんのこと、専科や養護の先生、また学習支援員の方々にも「3年2組の児童について、②気になった児童の名前のみを、記入者名とともに紙に書いて箱に入れてほしい」とお願いをした。

　それからは、D教諭は放課後に箱の中を確認することが日課となった。③気になる児童の名前があれば、記入者にその理由を確認したうえで、当該児童と話をするように努めた。この取組により、3年2組は大きな問題もなく1学期を終えることができた。D教諭は教師としても学級担任としても、やっていけるという自信を持てるようになった。

　2学期に入り、真面目でおとなしいS男が頻繁に遅刻をするようになった。④1学期も何回か遅刻をしていたが、それほど気に留めてはいなかった。D教諭はS男に「何か困っていることでもあるのか」と尋ねるが、「明日は遅刻をしません」との返答だった。しかし、翌日以降もS男が遅刻を繰り返すため、夜、家庭に電話連絡をするが、誰も電話に出ない。学年主任の助言のもと、D教諭は夜に家庭訪問をする。

　S男のアパートの部屋は電気が消えていた。呼び鈴を何度か鳴らした後に帰ろうとしたところ、玄関のドアがそっと開いて、S男が顔を半分出した。兄弟のいないS男は一人で留守番をしていて、まだ夕飯も食べていないとのこと。D教諭はその状況にある種の違和感を感じた。

　翌日、S男は学校を欠席した。即座に電話を入れるも不在であった。放課後に教頭と再度、家庭訪問をする。すると、S男が玄関ドアの外で膝を抱えて座っていた。家の中では母親が男性と2人でお酒を飲みながらテレビを観ていた。父親はほとんど自宅に戻ってこないとのことであった。

解説　子どものサインに敏感になる

KEY WORD

早期発見・早期対応●ネグレクト●子どものサイン

　平成16年に児童虐待防止法が次のように改正された。①児童虐待にかかる通告義務の拡大（「児童虐待を受けた児童」から「児童虐待を受けたと思われる児童」に拡大）、②児童虐待の早期発見等（早期発見の努力義務が教職員等の「個人」だけでなく学校などの「組織」にも課された）。一般的に、教師は児童虐待が行われている現場を見ることはない。虐待を受けていたとしても、子どもが親の行為について、自ら訴え出ることはきわめてまれなことである。本事例において、D教諭が設置したイエローボックスは早期発見・早期対応につながる興味深い取組である。ただし、気になる子どものみへの意識が強すぎると、比較的目立たない子どものサインを見落とす恐れもある。気にならない子どもに問題がないということはない。また、小学校時代からの小さなストレスなどの蓄積が、中学生以降に様々な形で表面化するケースは少なくない。

　S男のケースは虐待の中でも特に目に見えにくいネグレクト（育児放棄）であろう。1学期に何度か遅刻をしていたS男を、それほど気に留めなかったことが残念でならない。ネグレクトについては、例えば給食時にもの凄いスピードで食べていたり、何度もおかわりをしていたり……など、普段と違う行動や様子に敏感になりたい。子どもの心に傷がつく前に、子どものサインに敏感になり、早期発見・早期対応をすることが、児童虐待防止のみならず、日々の教育活動における教師に求められることである。そのためにも、日頃から「気にならない子どもも注意深く観る」という意識を持ちたい。

ポイント

❶「学級内の児童全員が1年間、安全に、そして安心して学校生活を送れるようにする」、このことこそが、担任教師であれば、誰もが目標にすべきことである。学級の一人一人の児童が、1年間、けがなく、安心して学校生活を送れるようになれば、当然、大きな問題もなくなることになるだろう。

❷「気になった児童の名前のみを記入する」ことをお願いしたことは実効的な取組であると言える。「なぜ気になったのか？」という理由の記述まで求めると、この取組は継続されにくいものとなっていただろう。

❸たった一人の記入者の話のみで、当該児童に話をする前に、念のため、他の関係する教師からも情報収集することが大切である。

❹何回か遅刻をしていた時点で気にかけるべきである。連続した遅刻ではなく、遅刻の回数が少ない場合には目立たない。出席簿の整理を日頃から行っていると、子どものサインや行動パターンが見えてくる可能性が高まる。

子どもの興味・関心を尊重する

　新卒4年目のM教諭(男性)は、T県の公立I高校3年3組の担任である。I高校には大学への進学希望者が多く在籍しており、①M教諭は4月より教室内に受験に関する情報を掲示するとともに、積極的に生徒の進路(受験)相談に乗っていた。

　5月の半ばに、生徒との二者面談が始まった。クラスのほぼ全員が大学への進学を希望する中で、成績が校内でもトップクラスのK子は漆器を作る伝統工芸家になることを希望していた。そのため、K子は某県の伝統的工芸品産業の後継者を育成する教育研修所に入所したい旨を述べた。小学生の頃の体験活動により、伝統工芸に興味を持つようになったとのことである。

　当然、K子が大学へ進学するものと考えていたM教諭は、②「K子さんは成績が学年でもトップクラスだし、特に国語の成績が一番なのだから、文系の大学へ進んだほうが将来的に良いのではないか」、「あなたが希望すれば、指定校推薦で〇〇大学に行けるよ」と伝えた。

　それに対して、K子は「先生、私は自由選択科目に美術系の科目が多かったので、この高校に入学しました。もし、大学への進学を視野に入れていたなら、もっと大学への進学率が高い高校を受験していました」と話した。

　その夜、M教諭はK子の保護者に電話を入れた。父親は「私は一人娘であるK子が高校卒業後すぐに自宅を離れて、他県の研修所に入所することには大反対です」、「先生からも他の道を進めてくれませんか」とM教諭にお願いした。

　③父親からの頼みもあったことから、M教諭はK子に「まずは、大学へ進学しよう」、「伝統工芸家への道は大学卒業後でも決して遅くはないよ」などと、大学受験を強く勧めた。

　それ以来、K子は自分の希望を理解してくれない担任のM教諭を避けるようになった。
　④それでもM教諭は、「大学への進学は必ずK子のためになる」とK子を説得し続けた。
　結局、K子は自分自身で手続きを済ませて、伝統工芸の教育研修所に入所することになった。卒業式後の3月下旬に、K子は、「4年努力しても芽が出そうになければ帰ってくる」と父親に伝えて、自宅を後にした。

先入観を捨てる

　中学や高校では、生徒指導において、生徒の進路の問題を切り離すことができない場合が少なくない。

　生徒の学校での成績と進路希望は必ずしも一致するものではないため、教師は先入観を捨てて、まずは、生徒の考えの理解に努めたい。ただし、生徒の考えにリスクが伴うと考えられる場合などには、教師が介入することは大切であるが、それによって生徒の主体性をそぐことのないような配慮が必要である。

　例えば、本事例では、M教諭はK子の興味・関心を尊重するとともに、研修所を経て伝統工芸家になれる確率やリスクなどを調べることの必要性、また、大学(美術大学など)で勉強しながらも伝統工芸に携われるような方法など、K子への広い視野からの示唆や情報提供などが求められる。

　教師は、生徒の自発的かつ主体的な成長・発達のプロセスを援助することが大切である。そのためには、教師が先入観を持って、一方的に生徒を指導することは避けるべきである。教師の働きかけのむずかしさと醍醐味は、この点にあるのではないだろうか。

KEY WORD

先入観・進路相談・尊重

ポイント

❶教師は生徒に情報を正確に提供することが大切であるため、教室内に受験に関する情報を掲示することはよいことである。なお、生徒への相談は、積極的に相談に来ない生徒にも、教師のほうから積極的に話しかけるなど、生徒が相談しやすい雰囲気をつくることも大切である。

❷確かに、生徒は自分の成績を踏まえて進路先を決めることが一般的であろう。しかし、教師は生徒に、単なる出口指導のみではなく、その進路先のさらに先のことを意識させることが大切である。

❸生徒と(生徒の)父親との意見が食い違っている場合には、2人を同席させての三者面談をすべきではないだろうか。教師は、生徒と保護者の両者の考えに中立の立場で耳を傾けつつ、最終的には本人の意思を尊重するような働きかけをしたい。

❹なぜ、大学への進学がK子のためになるのかということを、丁寧に説明をしたい。教師ができることは、生徒が判断をするための情報を伝えることである。もちろん、教師の意見や考えも生徒の判断材料の一つである。しかし、最終的には生徒に判断をさせるような働きかけを親身になって行いたい。

生徒の部活動への声に耳を傾ける

　セミの鳴き声が激しい真夏の校庭で、D教諭はいつものように生徒にノックをしている。D教諭は今年度から国語科の教諭として正式採用された。昨年度までの２年間も同じE中学校で臨時採用として勤務をしており、今年度からは野球部の正顧問を任された。

　①D教諭は野球の経験がないものの、部活動を通して、あいさつやマナーとともに、最後まであきらめないことの大切さを生徒たちに伝えるという強い信念を持っている。しかし、練習の無断欠席や学校帰りに他校生とのけんか、また、深夜徘徊をして補導される部員も少なくない。

　「15分間休憩！」。D教諭はノックバットを置き、水筒の冷たい麦茶を美味しそうに飲んだ。そこへ、新チームのキャプテンになったＦ男（２年生）がD教諭のところへ来た。

Ｆ　男「先生、そろそろ練習試合を組んでもらえませんか」
D教諭「まだ駄目だ」
Ｆ　男「どうしてですか？」
D教諭「部員全員の生活態度が改善されないと、試合をしても意味がないだろう」
Ｆ　男「でも、来月初めの新人戦に負けてしまいます」
D教諭「②いつも試合に勝つことだけが目標ではないと言っているだろう。生活態度も野球への取組もまだまだ不十分だな」
Ｆ　男「僕たちは試合に勝ちたいんです」
D教諭「だったら、今以上に部活動に取り組むことだね」
Ｆ　男「一生懸命に取り組んでいる人もたくさんいます」
D教諭「野球は団体競技じゃないのか？　③部員全員の生活態度が改善されないとダメなんだ。キャプテンの君がそんな考えだから、いつまでたっても良いチームにならないんだ」
Ｆ　男「……」

　１度も他校と練習試合をしないまま臨んだ８月下旬の新人戦。E中学校は、初戦でコールド負けをした。その後、ポツリポツリと生徒が退部していった。④退部した生徒は皆、真面目に取り組んでいた生徒ばかりであった。

否定ではなく、肯定から入る

KEY WORD

部活動・生活態度・主体性を尊重

　「学校部活動及び新たな地域クラブ活動の在り方等に関する総合的なガイドライン」（スポーツ庁及び文化庁、令和4年12月）には、「部活動顧問、部活動指導員及び外部指導者は、生徒の運動・文化芸術等の能力向上や、生涯を通じてスポーツ・文化芸術等に親しむ基礎を培うとともに、生徒がバーンアウトすることなく、技能の向上や大会等での好成績等それぞれの目標を達成できるよう、生徒とコミュニケーションを十分に図った上で指導を行う」とある。

　改めて、部活動は一人一人の生徒が生涯を通じてスポーツ・文化芸術等に親しむ基礎を培うものであり、部活動への参加の目的や目標も個々の生徒によって様々であることを確認したい。

　また、部活動顧問には、生徒自らが意欲を持って取り組めるように、生徒の良いところを見つけて伸ばしていけるように、否定ではなく、肯定的な姿勢が求められる。たとえ技術的、体力的に劣っていたとしても、それぞれの目標に向けて一生懸命に努力をしている生徒に対しては正当に評価をするとともに、周囲からも、その生徒を認めてあげる雰囲気をつくりたい。

　部活動での主役は一人一人の生徒である。そのためにも、部活動顧問は一人一人の生徒を見守るとともに、励ましの声を積極的にかけていくことが大切である。

ポイント

❶たとえ顧問にその競技の経験がないとしても、部活動を通して（生徒に）「何を伝えたいのか」を明確にして地道に働きかけていくことは、顧問の大きな役割の一つである。

❷対外試合は相手チームの良いところや、自分たちに足りない部分を生徒たちが肌で感じ取れる機会にもなりうる。D教諭は、独りよがりの信念を強く持ちすぎて、それを認めなかったことは生徒の成長を促す機会を奪ってしまっている。

❸生活態度の改善とは、具体的に生徒の「何」が改善されればよいのかを明確にしたい。例えば、（全員が）「遅刻をしない」、「欠席するときは連絡をする」などと、具体的な行動を明確にすることは、生徒の意識とともに行動変容に結びつくだろう。

❹真面目な生徒ばかりが退部していくことは、部の方針が明確でない証拠である。「何のために部活動をするのか」、「どういう部にしていくのか」を、生徒の声や状況を踏まえて設定していきたい。

子どもへの言葉かけを肯定的にする

　A高等学校に初任者として着任したS教諭は、数学の担当で2学年の副担任。S教諭は教員採用試験の（専門教科の）得点がトップであった。そのため、初任者ではあるが、県下でも有数の進学校であるA高校に勤務することになった。A高校の校長からも「生徒には妥協をしないで勉強に取り組む姿勢を身につけてほしい」と頼まれていた。

　S教諭は、毎回、①授業の最初に小テストを実施することにした。小テストはその日の授業内容を十分に予習していないとできない問題である。小テスト後の授業では、全員が予習をしていることを前提にした応用問題を出題することにしている。

　部活動を終えて夜遅くに帰宅した生徒などは、毎回、数学の予習が夜中までかかる場合もある。ただし、他の教科の予習などもしなければならないため、数学をおろそかにしてしまう生徒も少なくなかった。そのため、授業中はもちろんのこと、基本的な小テストの問題も解けない生徒が徐々に増えてきた。

　②「ダメだな～」、「皆ができることがなぜできないの？」、「これは中学生でもわかるよ」、「また、君か？」、「皆に迷惑をかけているのがわからないのか？」、「何回も同じことを繰り返すな！」

　6月の初旬、S教諭が受け持っている3クラスの複数の生徒が学校を欠席するようになった。それぞれのクラス担任が「もう少し、生徒の状況を見ながら授業を進めてほしい」とS教諭に伝えたところ、S教諭は「私は校長から厳しく指導をしてほしいと頼まれています。このスタイルを変えるつもりはありません」と強い口調で返答した。

　7月のある日、複数の保護者も学年主任のE教諭に「子どもが勉強に全く自信を無くしている」、「うちの子は勉強がつまらないと言っている」などと相談に来るようになった。翌日、E教諭がS教諭に「授業のスタイルはそのままでいいから、生徒への言葉かけを肯定的にしてみなさい」と助言した。③S教諭も現状を認識したこともあり、E教諭の助言に真剣に耳を傾けた。2学期になり、S教諭は「やることが遅いな～」→「こつこつ丁寧にやるんだね」、「すぐにあきらめるな」→「他の教科も頑張っているんだね」、「暗い顔をしているね」→「真剣に考えてるんだね」などと、④意識的に言葉かけを肯定的に変えるように試みた。徐々にではあるが、生徒たちは自ら進んで予習をするばかりでなく、S教諭に頻繁に質問をするようになってきた。そして、学校を休む生徒も見られなくなった。

　11月に入り、校長先生がS教諭に言った。「4月に期待していた以上の授業実戦をしてくれているね。ありがとう」

子どもの意欲は教師の働きかけによって左右される

KEY WORD

予習・否定的な言葉・学習意欲

　本事例からは、生徒の（学習）意欲が教師の働きかけによって左右されるということが改めて確認できる。生徒が予習して授業に臨むことは当然のことである。たとえ生徒が活動などで疲れていたとしても、予習の必要性を理解したり、生徒本人が小テストなどの成果を実感できれば、生徒は自ら進んで学習に取り組み、予習も習慣化していくと思われる。

　生徒をそのような段階にまで導くためにも、日頃から肯定的な言葉による励ましが有効であることが、校長先生の「ありがとう」という言葉からも読み取れる。

　生徒に対する教師の何気ない否定的な言葉が、生徒同士のいじめに発展しているケースが散見されている。逆に、教師の肯定的な言葉が生徒の未来に影響を与えているケースも少なくない。改めて、教師の仕事は素晴らしいものである。

ポイント

❶小テストを行う意義（本事例の場合は、予習をすることの大切さを生徒に伝える）を明確にすることで、生徒への働きかけは違ったものになることを理解したい。

❷「教師は生徒が自ら勉強をしていくことをお手伝い（支援）する」というスタンスを持っていれば、このような否定的な言葉を発することはなくなるのではないか。

❸Ｓ教諭がＥ教諭の助言に素直に耳を傾けたことが、Ｓ教諭の行動の変化につながっていることを押さえておきたい。

❹肯定的な言葉とともに、意識的に肯定的な言葉に変えようとしたＳ教諭の行動が、Ｓ教諭と生徒の距離を近いものにしたのである。

特別な支援が必要な子どもを理解する

　新卒のA教諭は、B小学校に赴任し、3年2組の担任を受け持つことになった。A教諭は正義感が人一倍強く、①「良いことはよい、悪いことはわるい」と児童はもちろんのこと、保護者にもはっきりとものを言う教師である。

　3年2組に在籍しているC男は、ADHD（注意欠陥・多動性障害）の診断を受けている児童であり、日常的に落ち着きが見られない。前年度、通常学級では支援員が付いていたものの、授業中に奇声を上げたり、他の児童の邪魔をしてしまうことが頻繁にあった。さらに、クラスメイトに暴力を振るうことも少なくなかった。

　そのたびに複数の保護者から担任や管理職に苦情が寄せられていたが、C男の保護者はC男が通常の学級で授業を受けることを望んでいたため、通常学級では支援員を付けることになったのである。

　前年度の2学期以降は、C男以外にも授業中に悪ふざけをする児童が増えてきて、学級全体に落ち着きが見られなくなってしまった。そのため、担任教師が疲れ果ててしまい、3学期からは病休に入ってしまった。

　A教諭は前年度からの引き継ぎを受けていたため、常にC男に配慮しつつも、特別扱いはしないことを心掛けていた。気さくで明るい性格のA教諭には、C男も他の児童もとても慕っていた。C男は、昨年度に比べて明るく落ち着いた学校生活を送れるようになってきていた。そのため、5月以降は支援員が毎時間C男に付く必要もなくなってきた。

　6月半ばの蒸し暑い日、②C男は朝から落ち着きが見られない。3時間目、全員が算数のプリント学習をしているときに、C男は自分のプリントだけではなく、隣席のD子のプリントもビリビリに破ってしまった。それを見ていたA教諭は、C男のところまで行き、「D子に謝りなさい」と言ったが、C男は聞こえないふりをする。さらにC男は、D子のふで箱を床にたたきつけた。

　③A教諭は、強い口調で「何をやっているんだ」と怒鳴った。すると、C男は自分の机をD子に向かってひっくり返してしまった。机が足に当たったD子がその場でうずくまったところに、C男が自分の椅子を持ち上げてD子に投げつけようとした。

　とっさにC男の腕と椅子をつかんだところ、C男がA教諭の足を蹴りつけたため、④A教諭はC男の左頬に思い切り平手打ちをしてしまった。学級内が騒然となったところで、隣の学級の先生が入ってきて、C男を別室に連れて行こうとした。C男は大声で泣き出してしまった。

新任でもプロの教師

KEY WORD
ADHD・支援員・平手打ち

「通常の学級に在籍する特別な教育的支援を必要とする児童生徒に関する調査結果について」（文部科学省、令和4年）によると、通常学級に在籍する小中学生の8.8％に学習面や行動面で著しい困難を示す発達障害の可能性のあることがわかった。また、小学校においては、新任教員が初年度から担任を受け持つことが一般的になっている。このような状況から、特別な支援を要する児童への理解が欠かせない。

A教諭はC男に配慮をしつつも、特別扱いをしないことを心掛けていたが、特別な支援が必要な児童に対して、特別扱いをしないということはどういうことなのかを改めて考える必要がある。

もちろんC男が他者に迷惑をかけることを許してはいけないのだが、新任教師でもプロの教師であるならば、むしろ、C男の精神状態が落ち着いているときにこそ、より配慮（本事例の場合では、算数のプリントが理解できるかなど）をすべきである。

参考：文部科学省『生徒指導提要』（令和4年12月）第13章

ポイント

❶一般的に教師は経験を重ねるにしたがって、グレーゾーンが広がると言われる。しかし、教師がぶれることで、困るのは児童であることを忘れてはならない。

❷この段階でC男に働きかけをすべきである。問題が起こってからの対応よりも、問題が起こらないようにすることを常に意識したいものである。

❸A教諭は、次にどのような展開になるのかを計算して怒鳴っていないことは、その後の状況から明らかである。教師は常に教室内の児童全員の安全を頭に入れておかなければならない。

❹状況によっては体罰が容認される風潮は少なくない。どのような状況においても、児童生徒をたたくことがあってはならないという前提で教育活動をすることは、プロの教師としての指導力向上に結びつくと確信する。

教師はスキルで話をしない

　K中学校のA教諭は、1年2組の担任。採用2年目の女性教諭である。A教諭は、新採用1年目に初任者研修以外にも、生徒との好ましいコミュニケーションスキルを身につけたいために、自費で民間会社が主催するカウンセリング講座を定期的に受講していた。

　初めて担任を受け持ったA教諭は、①少しでもクラスの生徒と良好な関係を築くために、休み時間や放課後も教室にいることを心掛けていた。このようなA教諭の行動により、生徒もA教諭に相談するようになってきた。しかし、生徒間では「A教諭は話しにくい」ということが評判になっていた。

　ある日の放課後、A教諭が担任しているB子が自分の家庭の悩みについて、養護教諭のC教諭のところに相談に来た。話を終えて帰ろうとするB子に対して、C教諭は「このことは担任のA先生にも相談をしたの？」と尋ねた。

B　子「いえ、相談はしていません」
C教諭「なぜ？　A先生はとても一生懸命だし、親身になって考えてくれる人じゃないかな」
B　子「はい。とても一生懸命な先生です。でも、何となく相談しにくいんです……」
C教諭「相談しにくい？　なぜそう思うの？」
B　子「なぜかと言われると、言葉では説明できないんですけど……」
C教諭「そうかな～。A先生は生徒想いの先生だと思うけどね……」
B　子「たぶん、A先生は私の話を本気で聞いてくれてないような気がするんです」
C教諭「それは、どんな時にそう感じるのかな？」
B　子「②普通の会話をしているときでも、何かとほめ言葉を連発したり、やたらに質問ばかりしてくるんです。それに……」
C教諭「それに？」
B　子「③私の言葉に対してうなずくばかりで、A先生がどう思っているのかつかめないことが多いんです」

　早速、C教諭は、B子が家庭の悩みについて相談に来たことをA教諭に報告した。
C教諭「B子さんは、A先生の意見もほしがっていると思いますよ」
A教諭「意見ですか？　助言ならできますが、意見までは言えないですよ」
C教諭「どうしてですか？」
A教諭「④カウンセリング的には、意見することはだめなんです」
C教諭「……」

解説 ▶ 大切なのは自然体で接すること

　A教諭は、自費でカウンセリング講座を受講するなど、真面目で職業意識の高い人であることは間違いない。ただし、カウンセリングスキルに終始するあまり、かえって生徒に相談しにくいと思われては、大変もったいないことである。

　要するに、A教諭は（自然体で）心から話をしているのではなく、スキルで話をしているために、生徒の心に届かないのではないだろうか。人は心から話を聞いてくれているのか、それとも表面的にしか聞いてくれていないのかは雰囲気でわかるものである。多少、言葉遣いがスマートではなくとも、自分の言葉で真剣に話をしてくれる人は、相談をしやすい人ではないだろうか。

ポイント

❶子どもが教師に相談しやすい雰囲気をつくるための一つは、教師が子どもの近くにいることである。

❷教師対生徒（子ども）の前に人対人として、自然体で接することが、子どもとの距離を縮めるものである。

❸カウンセリングやコミュニケーションスキルを意識しすぎると、自分の考えを伝えるという肝心な部分が抜け落ちてしまうこともある。

❹カウンセリング（相談）で意見をしてはいけないという決まりはない。大切なことは相手を受け入れること（受容）である。

KEY WORD: カウンセリングスキル・自然体・相談しやすい人

生徒に自信をつけさせる

　F高等学校（定時制課程）に着任して2年目のA教諭は、1年2組の担任を受け持つことになった。近年、F高校の定時制課程に入学してくる生徒は、ほとんど定職に就いていない。F高校の全日制課程（昼間部）は県下一番の進学校であるため、定時制課程の生徒が全日制課程の生徒に対してコンプレックスを抱いていることが少なくないようだ。

　A教諭は、生徒に対して①毎日のように「今日も頑張ろう」、「やれば必ずできる」、「努力は裏切らない」などの言葉がけをしている。しかし、生徒からは「自分は頭が悪いから無理ですよ」、「そんなに頑張れないですよ……」などと、否定的な言葉ばかりが返ってくる。定職に就いている生徒は一人もいないが、ほとんどの生徒が昼間にアルバイトや準社員として働いているため、授業中に生徒が居眠りをしているのが頻繁に見られる。

　5月の連休後、A教諭は、午前中に1年2組の生徒一人一人の仕事（アルバイト）先に出向き、（生徒への）声かけとともに、汗を流して働いている生徒の姿を写真に撮ることにした。そして、教室の掲示板に②「働く姿」というコーナーをつくり、一人一人の生徒が働いている姿を掲示した。すると、生徒は休み時間に掲示板の写真を見ながらお互いの（仕事での）苦労話などをするようになった。そんな生徒たちに対してA教諭は、③「君たちは昼間部（全日制課程）の生徒よりも半歩先に社会に出て、人や社会の役に立っているね」と言った。

　このA教諭の言葉が契機となり、生徒たちは自分に自信を持ち、授業も含めて、学校生活に積極的に取り組むようになってきた。また、それまで、昼間の時間帯に何もしていなかった生徒もアルバイトをするようになってきた。

　ある日、（1年2組の）複数の生徒が休み時間にA教諭のところに来た。

　生　徒「先生、僕たちはもっと社会や職業のことについて詳しく知りたいので、いろいろ教えてください。

　A教諭「もちろんです。これからは先生も社会や職業を意識した授業をしたいと思います。でも、④皆も積極的に社会や職業のことについて調べてみない？」

　生　徒「ぜひ調べてみたいです。早速、クラスの皆に提案してみます」

　1週間後、生徒からの発案で、教室の掲示板に「職業コーナー」ができた。もちろん、掲示物は生徒が作成することになった。

　現在、生徒の表情は常に意欲に満ちあふれている。

解説 "ほめる"前に"認める"

　A教諭の「君たちは昼間部（全日制課程）の生徒よりも半歩先に社会に出て、人や社会の役に立っているね」という言葉は、生徒たちにとっては、どんなほめ言葉よりも心に響いたことであろう。

　「人の役に立った」、「人から感謝された」、「人から認められた」という自己有用感は、自分と他者（集団や社会）との関係を自他ともに肯定的に受け入れられることで生まれるものである。

　子どもを「ほめて（自信を持たせて）育てる」という発想よりも、子どもは「（人から）認められて（自信を持って）育つ」という発想のほうが、子どもの自信が持続するという素晴らしい事例である。

ポイント

❶子どもへの言葉がけが大切であることは言うまでもないが、その際、肯定的な言葉を継続して使うことが大切である。

❷たとえ掲示物であっても、一人一人が主人公になるように工夫をすることは、子どもの居場所とともに意欲に結びつくことである。

❸子どもは他者から認められるという感覚（自己有用感）が得られると、自尊感情が高まるとともに、積極的な行動に結びつく可能性が高い。

❹子どもに限らず、人はやらされ感があるうちは夢中になることは少ない。教師は常に子どもが興味を持つような提案をすることが大切である。

KEY WORD: 定時制高校・コンプレックス・自己有用感

事例13 出席簿の整理で見えてくること

　新規採用2年目のA教諭は、S中学校の1年3組で初めての担任を受け持つことになった。教科は数学を担当している。A教諭は几帳面な性格であり、①その日のうちにやるべきことは、どんなに時間がかかっても次の日に持ち越すことは絶対にしない。

　また、自らが、中学1年時に不登校となり、中学2年生以降に学習面や友人関係などで苦労してきた。そのため、受け持っている学級の子どもたちには同じような苦労はさせたくないという気持ちが強いことから、入学式当日から毎日、帰宅前には、学級の出席簿の点検は欠かさないでいる。さらに、②出席状況を、週ごと、月ごとに集約している。日常的に出席簿を整理し、定期的に集約することで、ある一定の傾向が見えてきた。そして、③A教諭は、その傾向の原因を探ったうえで、対応するようにした。

傾向1：C男は火曜日に必ず遅刻している。
　原因：毎週火曜日は母親が早出出勤の日であった。
　対応：母親に連絡をした（母親は遅刻のことを知らなかった）。
　結果：家庭の協力とともにC男本人の意識も変わったため、遅刻がなくなった。
傾向2：D子は月曜日の3時間目と金曜日の5時間目に保健室に行くことが多い。
　原因：グループ学習をしている理科の時間帯であり、グループ内の生徒2人からいじめを受けていた。
　対応：教科担任と連携を取り、グループ編成を変更するとともに、D子への個人面談や学級内で「いじめ」をテーマにした話し合いを行った。
　結果：いじめは無くなり、D子も理科の授業に出席するようになった。
傾向3：不登校傾向が見られるE子は、欠席する前日は早退する確率が高い。
　原因：小学校時代から、このような傾向があった。
　対応：早退した日は、必ず母親と連絡をとるとともに、夜は本人にも様子をうかがうための電話をした。
　結果：徐々にではあるが、早退した翌日に登校するようになってきている。

　年度末の3月、1年3組の年間の出席率は良好であり、不登校者も出なかった。A教諭は、④翌年度には、傾向、原因、対応別に一目で見分けられるように「色別分類表」を作成して、毎日、出席簿の点検、整理、集約をしている。

解説　問題の早期発見・早期対応

KEY WORD

点検・集約・傾向把握

　自らの中学時代と同じ苦労を子どもたちに経験させたくないというA教諭の熱意がストレートに伝わってくる。

　傾向1〜3は、どれも客観的な記録である出席簿を日常的に整理し集約したことが、早期発見・早期対応につながった好事例である。A教諭がただ単に、出席簿の点検のみで終わらせることをせず、遅刻・早退も含めた出席状況を週ごと、月ごとに集約したことで、傾向が見えるようになってきた。

　さらに、A教諭は見えてきた傾向の原因を探ることまで行った。また、原因が見えてきたことで、早期対応ができるようになった。A教諭の熱意と行動力は賞賛に値するものである。また、このように、出席簿の点検・整理・集約を積み重ねていくことで、日頃から子どもの様子にも敏感になり、適切な時に適切な声かけができていることが、子どもたちの安心感につながっているものと思われる。

　なお、このような取組は、学年や学校全体で行うと、特に教科担任制の中学、高校では、より効果的であると考える。それは、多数の目で一人一人の生徒を見守ることにもなり、より適切で迅速な対応につながると考えられるからである。

　考えれば、学校は子どもの状況や様子が把握できる客観的なデータの宝庫である。例えば、出席簿、学習の記録、運動の記録、生活アンケート、作文や感想文などである。

　これらの客観的なデータを、A教諭のように、日常的に整理をすることを継続することは、より問題の早期発見・早期対応のみならず、未然防止にも結びつくことである。

ポイント

❶自分にノルマを課して、その実行を継続することはルーティン化につながる。もちろん、学校は突発的なことが起こるため、簡単にはいかないであろうが、A教諭の意識と行動は参考にしたい。

❷「木を見て森を見ず」ということわざがあるように、毎日の出席簿の点検のみでは、全体が見えにくい。出席状況を、週ごと、月ごとに集約することで、はじめて全体の傾向が見えるようになってくるのである。

❸原因を把握しないで対応をしたことで、問題が大きくなっている例は少なくない。一つでも原因を把握できれば、それだけ子どもに対して適切な指導ができる。

❹傾向、原因別に色分けをして一覧表にすることは、担任のみならず誰もが見やすくなる。シンプルに目に見えるようにすることは、より適切な対応に結びつくことである。

事例14 生徒とのつながりを切らないという意識を持つ

　新卒2年目のI教諭は、比較的大学進学率の高いS高等学校1年3組の担任。教科は保健体育を担当している。

　12月の初旬に行われた2学期末考査で、クラスのE男がすべての教科で白紙解答をした。そのことを耳にしたI教諭は直ちにE男から話を聞いた。E男は「先生、俺、今月で学校やめるから」と話す。

　E男は母親との2人家族である。学校での成績は入学当初はクラス40人中15番であったが、2学期の中間考査では35番に下がった。①E男は夏季休業前にサッカー部を退部し、2学期以降は遅刻、欠席が目立つようになった。I教諭はE男の少し怠惰な生活面をたびたび注意していた。②E男は注意を比較的素直に聞き入れていたため、I教諭はそれほど心配をしていなかった。

　I教諭はE男に「高校をやめてどうするのか」と尋ねたところ、「『高等学校卒業程度認定試験』を受けてから大学進学を目指す」と答えた。ただし、大学卒業後のことまでは考えていないと言う。さらに、高校を中退することを母親はもちろんのこと、誰にも相談しないで一人で決めていると言う。

　I教諭はE男の母親に電話連絡をした。母親は「E男は小学生の頃から、何でも自分自身で決断をしてきた。意志が固い子なので、1度決断したことには、説得しても変わらないだろう」と言う。③I教諭は学年主任や管理職に相談しつつ、E男にS高校で学校生活を続けることを何度も粘り強く説得した。最終的に、E男は高校1年次の単位を修得して退学した。

　E男は中退直後は、週に3日間、運送業のアルバイトをしながら図書館で勉強をしていた。④I教諭は定期的にE男に連絡をするとともに、時にはアルバイト先まで足を運んで激励をしていた。しかし、E男は徐々にアルバイト中心の生活になり、その年の10月には、そのまま契約社員として採用された。

　E男は「自分探しをするために、しばらくは運送の仕事をするが、いつかは大学に進学したい」と話している。

解説 生徒とは一生つきあう

KEY WORD

中途退学・大学進学・将来の目標

　ある県の独自調査では、「高校を中退した者の6割が誰にも相談しないで、中退を決断した」という結果が見られる。本事例におけるE男は2学期以降、学校生活に客観的な変化が見られるが、I教諭の危機意識は低かったと言わざるを得ない。たとえ小さな変化であっても、教師がしっかりと話を聞き、迅速に対応することで、中退を防止できたと思われる事例は多い。

　E男は漠然と大学進学を考えてはいるものの、現在の学習と将来が結びつけられないでいた。このことについては、E男のみならず、今日の日本の高校生の大きな課題である。それゆえ、教師は進学希望者に対しても、常に「(大学の先にある)社会」を意識させ、それぞれの将来について考えさせることが求められる。

　具体的には、日々の授業などにおいて、現在、学習している内容がどのように社会で活用されるのかを伝えたり、学ぶ面白さや楽しさを伝えるように工夫をすることが大切である。

　E男は運送の仕事をしながら、「自分自身」、「社会」、そして「自分と社会との接点」を知ろうとしていると思われる。教師は出会った生徒がたとえ中退をしたとしても、I教諭のように、その後も「つながりを切らない」という姿勢を持ちたい。

　教師は出会った生徒と一生のつきあいができる素晴らしい職業である。

ポイント

❶部活動を退部した後に、学校生活が乱れるケースはとても多い。部活動を退部するにあたっては、担任教師も親身になって本人から話を聴きたい。なお、退部後に学校生活が乱れたときには、生徒への注意のみならず、生徒に今後の明確な目標が持てるような助言も行いたい。

❷注意を素直に聞き入れていたとしても、生徒に行動が伴わなければ要注意である。常に、生徒の行動を見守るとともに、積極的に生徒に話しかけるようにしたい。

❸学年主任や管理職に相談することはよいことである。そして、生徒には「なぜ高校を続けることが大切なのか」を伝えることが大切である。

❹中退をした後も生徒のことを気にかけて、定期的に連絡をしたり、アルバイト先にまで足を運んで激励をするI教諭の姿勢は素晴らしい。教師は日々、目の前の生徒への指導が中心ではあるが、卒業や中退した生徒の、その後についても、気にかけていたい。

集団指導を通して個を育成する

　F教諭はM小学校に初任者として着任した。担任している4年2組にはLD（学習障害）と認定されているA男が在籍している。そのため、F教諭は5月の連休明けから、放課後にマンツーマンでA男の補習をしている。A男は少しずつではあるが、学習の遅れを取り戻してきている。

　しかし、A男は教室で行われている通常の授業には全くついていけない。A男にとって、毎日の授業時間中は居場所がなく、1日中、授業が理解できないのに席に座っていることは、苦痛以外のなにものでもなかった。

　そのため、たびたびノートに落書きをしたり、ぼんやりと窓の外を眺めたりしている。①F教諭は「A男については、放課後の補習で対応すればよい」と、他の児童のレベルに合わせて授業を進めていた。

　ある朝、A男は母親に「学校がつまらないから登校したくない」と話し、学校を欠席した。②母親から連絡を受けたF教諭は、その日の放課後にA男の家を訪問した。A男は、「授業中はとても退屈だし、勉強がわからない自分がとても情けない」と言う。その日の夜、F教諭はA男も参加できるような授業をしなければいけないと考えた。

　翌日から、③F教諭はA男にも理解できるように、3つのことを意識した授業改善を試みた。3つのこととは、「ゆっくりと話す」、「むずかしい言葉は使わない」、「板書の文字は大きく書く」である。

　1ヶ月間、このような授業をF教諭が意識して続けても、A男は授業についていけない。しかし、A男以外の多くの児童からは、「今までよりも授業がとてもわかりやすくなった」という声が聞かれるようになった。そして、授業中に児童が互いに教え合うようになったり、家庭での平均学習時間が大幅に増加するなど、多くの児童が自ら進んで学習をするようになっていった。

　さらに、授業がわかるようになった複数の児童が授業中にA男に声をかけるようになり、休み時間もいっしょに勉強をするようになった。④徐々にではあるが、授業中に居場所がなかったA男の表情が明るくなってきた。もう、A男は1日も学校を休むことがなくなった。

　F教諭の授業改善が契機となり、4年2組の児童は、授業以外のことでも互いに協力し合うようになった。10月の運動会での学級対抗大縄跳び競争では、全校で一番に輝いた。

解説　すべての児童生徒を対象に働きかけをする

KEY WORD

困り感・授業改善・わかる喜び

　本事例からは、一人の児童の「困り感」を解消するように授業改善をすることは、実は多くの児童の「困り感」を解消することにつながっていることが確認できる。一人一人の児童が今まで以上に積極的に授業に参加し、家庭でも自ら進んで学習をするようになっていった。そして、互いに協力をし合う学級になっていったという好事例である。

　学級内には、毎回の授業内容を全く理解できないというわけではないが、完全に理解ができたとは言えない児童は少なくないと思われる。F教諭が3つのこと（「ゆっくりと話す」、「むずかしい言葉は使わない」、「板書の文字は大きく書く」）を意識して授業を進めるようになったことにより、A男のみならず、今まであやふやに理解をしていた多くの児童の学習意欲を引き出すことにつながった。

　限られた時間の中で、教科書を終わらせなければならないという気持ちを抱く教師は少なくないだろう。しかし、授業は児童のために行うということを改めて考えたい。「集団に支えられて個が育ち、個の成長が集団を発展させるという相互作用により、児童生徒の力を最大限に伸ばし、児童生徒が社会で自立するために必要な力を身に付けることができるようにする※」という生徒指導の原理があるが、F教諭の働きかけは、まさしく、この原理に当てはまる。

　集団生活の場である学校では、まず第一に、すべての児童生徒を対象に働きかけをすることを、教師は改めて自覚すべきである。

※『生徒指導提要』（令和4年12月）第1部1.3.2「集団指導と個別指導」

ポイント

❶授業についていけない子どもを対象に補習などを行うことが一般的かもしれない。しかし、本人にとって、授業中は苦痛以外のなにものでもない。教師はすべての子どもが参加できるような授業となるような工夫をしたい。

❷子どもの「学校に行きたくない」という言葉は、保護者にとっては一番聞きたくない言葉ではないだろうか。保護者の不安解消の意味からも、保護者から連絡を受けたその日に家庭訪問をしていることはとてもよいことである。

❸特別支援学級の先生は、この3つのことは当然のように意識されていると思われる。たとえA男のような児童が在籍をしていなくても、すべての子どもに、わかりやすく教えようとすると、この3つは欠かせないことではないだろうか。

❹学校は子ども同士がいっしょに活動する場所であることが確認できる。また、教師は一人一人の子どもの居場所をつくることの大切さを改めて理解したい。

事例 16

適切な時期に適切な支援をする

　R高等学校のF教諭は教師経験2年目。教科は英語科で1年3組の担任である。R高校は中途退学者数が県下でも比較的多い学校である。

　F教諭は4月当初より、担任しているクラスの希望者を対象として、週に3回、放課後に英語の補習を行っている。①昨年1年間の教師経験から、基礎学力不足の生徒が中途退学に至る傾向があることを感じていたからである。

　補習に参加しているA男は真面目でもの静かな性格である。中学2年生までの2年間は不登校であったため、中学校の全教科の学習内容を理解できていない。なお、A男はR高校では部活動には加入していない。

　5月下旬の中間考査後から、A男は体調不良を理由に学校を欠席している。そのため、F教諭は家庭訪問をした。

　F教諭「具合はどう？」
　A　男「②朝起きると頭痛がするんです。でも、昼前には良くなります」
　F教諭「昼からでも登校してみてはどうかな？」
　A　男「……」
　F教諭「③補習の成果が中間考査の結果にも表れているし、勉強面で心配することはないよ」
　A　男「僕、学校を辞めようと思っているんです」
　F教諭「なぜ？　勉強は嫌いじゃないでしょう？」
　A　男「④勉強は嫌いではありませんが、他に楽しいことがあるような気がして……」
　F教諭「今の調子で続けていれば必ず楽しくなると思うから、頑張りなよ」
　A　男「……わかりました」

　その後、A男は学校に来たり来なかったりを繰り返していたが、結局、その年の10月にA男は学校を退学した。

入学した生徒一人一人を卒業まで導く

KEY WORD

中途退学・基礎学力不足・放課後の補習

　文部科学省の調査によると、中途退学する生徒の多くが高校1年生であり、退学した生徒の傾向の一つが基礎学力不足である。

　昨年度の経験を踏まえて、4月早々から補習を始めたF教諭の視点と実行力は大変評価できる。ただし、高校1年生の担任教師が4月当初に、まず、すべきことは、生徒が友達づくりをできるような場と機会をつくることである。多くの新入生は、「友達はできるだろうか」という期待と不安を抱いて入学してくる。もちろん、「勉強についていけるだろうか」という不安も抱いていると思うが、集団生活の場である学校では、友達の存在が学校生活に大きな影響を与える。特に、おとなしく、中学校の頃に不登校であったA男は自ら進んで友達をつくるタイプではないだろう。補習自体は悪いことではない。もし、高校に入学したばかりの時期に補習を行うのであれば、その補習の場を友達づくりの機会にすることも視野に入れる必要があるのではないか。F教諭とA男の会話を見る限り、補習の目的が単なる基礎学力の向上のみであると思われる。

　中途退学に至る原因は不本意入学、無目的入学、基礎学力不足、人間関係不足などと様々であるが、それぞれのケースに対して、教師が適切な時期に適切な支援をすることで、生徒を退学させずにすむかもしれない。もちろん、高校中退がすべてマイナスであるとは限らない。肯定的な目的で中退を選択する場合もある。しかしながら、中退しなくてもすむ生徒は、中退をさせないような働きかけが必要であると思う。

　高校への進学率が約98％である現在では、入学した生徒一人一人を卒業まで導きたいものである。

ポイント

❶昨年度に実感したことから、年度当初から補習を行うという姿勢は素晴らしい。補習の目的が中退防止のためであるが、生徒に基礎学力をつけさせることは教師の大きな役割の一つであるため、通常の授業でも、生徒にとって、わかりやすい授業を心掛けたい。

❷登校しなくてはならない時間になると頭痛がして、登校しなくてもよいと考える時間になると頭痛が治るというのは、典型的な学校への拒否反応である。このようなケースでは、担任一人で解決しようとせずに、「学校の何に対して拒否反応があるのか」などを、養護教諭やスクールカウンセラーなどの専門家といっしょに支援をしていきたい。

❸F教諭は、勉強面での遅れがA男の欠席理由であると考えすぎてはいないだろうか。登校を急がせるよりも、生徒の話をしっかりと聴いてあげることが担任としてすべきことである。

❹「他に楽しいことがあるような気がして……」は、「学校がつまらない」の裏返しでもある。担任はA男の中学校までの状況やA男の興味・関心などについて把握したい。

★元ニューヨークヤンキースの松井秀樹選手が、「キャッチボールをする上で大切なポイントは、相手が自分の胸元に投げてこなかったボールも簡単そうに取ってあげること。そうするとキャッチボールが途切れずに、お互いに楽しくなるから」と話していました。人とのコミュニケーションも全く同じことだと思います。

Fujihira Atsushi

第 2 章

学級経営

~子ども同士をつなげる~

事例17 いじめがないときにこそ注意をする

　新任のF教諭はH小学校4年2組の担任。学級は比較的落ち着いていて、子どもや保護者との関係も良好である。

　2学期に入り、学級内のA子の靴が隠されるという事件が起きた。F教諭はA子から話を聞くが、全く思いあたる節がないという。F教諭は直ちに学級会を開き、学級内の子ども全員に事件の概要を説明した。そして、①「この件について知っていることを教えてほしい」と子ども全員に紙を配り、記名をして提出するように求めた。

　その日の放課後、F教諭は全員から収集した紙を開いてみたが、どれも「私は知らない」という内容ばかりであった。その後も、A子の教科書がゴミ箱に捨てられるなど、その行為がより悪質なものにエスカレートしていった。

　A子は学校を休みがちになり、A子の母親も「担任がもっとしっかりと指導をしてくれないと困る」と電話でF教諭に訴えた。

　A子が欠席をしたある日、F教諭は再度学級会を開き、A子に対する行為は「いじめ」に相当することであり、「絶対にしてはいけない行為である」という話をした。そして、②再度紙を配り、「このような行為について、どう考えているのか」を無記名で提出するように求めた。「持ち物を隠されるのは本人にも問題がある」、「A子はわがまま」などという記述内容が半分以上であった。また、「F先生は私たちのことを何も知らないですね」という記述も見られた。

　数日後、学年集会で学年主任が「いじめは絶対に許すことのできない行為である」と伝え、「いじめられた人の立場になって考える」ことを学年の子どもたち全員で確認した。その後、A子に対する嫌がらせもなくなったが、A子は以前よりも口数が少なくなり、F教諭の問いかけにも返事をしなくなった。

　F教諭は子どもの回答から、子ども理解をより深める必要性を感じた。そこで、③学級内の子ども全員にノートを1冊ずつ配付し、希望制でF教諭と交換日記をすることを提案した。F教諭は毎朝提出してくれた子ども一人一人のノートから、子どもの状態を把握することに努めるようにした。そして、④短くても必ず返事を書いて帰りの会までにノートを返却することとした。

　F教諭の地道な働きかけが子どもたちにも徐々に伝わり、2月の終わり頃には、ほぼ全員がノートを提出してくれるようになった。それとともに、学級内は以前にも増して子ども同士の対話が増え、A子の周囲にも常に複数の友達がいるようになった。

解説　一人一人の子どもの状態に敏感になる

　F教諭はA子の靴が隠されるという事実が発覚した後に学級会を開き記名式で実態把握をしようとした。しかし、記名式では、いじめの該当者探しの色合いが強く、正確な実態把握ができないばかりか、いじめの本質的な解決には結びつかない場合が多い。

　F教諭は2回目に無記名式で実施したことで、学級内でのA子に対する状況を初めて把握できた。F教諭は自分の学級経営がうまくいっていたと思い込んでいたため、学級内の細かな人間関係までを把握しようとは思わなかったのだろう。しかし、問題は日常の何でもないときに、その原因がつくられるものである。

　F教諭の子ども全員に対する交換日記の働きかけは、子どもに「私たち一人一人の話を聴いてくれる」という安心感を与え、そのことが学級内の明るさに結びついたと考えられる。

　教師は「問題がないときこそが要注意である」を忘れずに、常に一人一人の子どもの状態には敏感でありたい。

KEY WORD　いじめ・実態把握・交換日記

ポイント

❶記名式で提出を求めたことの意図は何か。情報を把握したいという意図とともに、いじめの犯人探しも含まれてはいないだろうか。この場合では、学級内の子ども全員に事件の概要を伝えるとともに、学級全体の問題として話し合うべきである。

❷F教諭が無記名式で提出を求めたことは、学級内の子どもの本音を聞き出したかったからだと思われる。ただし、無記名式でアンケートをしたとしても、必ずしも本音が聞かれるとは限らない。大切なことは、日頃から子どもが正直に述べることができる雰囲気や信頼関係を築くように努めることである。

❸学級内の子ども全員にノートを配付して、交換日記をすることを提案したことに、子ども理解を深める必要性を実感したF教諭の本気度が伝わってくる。また、希望制として、子どもの自主性を尊重していることはよいことである。

❹その日のうちに、必ず返事を書いてノートを返却するという作業はとても大変なことであり、F教諭の熱意には頭が下がる。このようなF教諭の熱意が子どもたちの心に届いたことが、子どもたちが安心できる学級をつくることに結びつくと思われる。

教室環境を適切に整備する

　新規採用でO小学校に着任したS教諭は4年2組の担任。学級内には、授業の45分間、落ち着いて席に着いていられない児童が数名在籍している。

　S教諭は大学時代の講義を思いだし、特別な配慮が必要な児童も落ち着いて授業を受けられるように、教室環境のユニバーサルデザイン化を進めることにした。

　具体的には、①教室前面の掲示物をできるだけ少なくして、児童の授業への集中力を高めるように工夫をした。また、掲示物の文字も意図的に大きくした。

　同時に、②S教諭は学級づくりの一環として、学校行事における（学級の）取組などの写真や一人一人の児童の作文や作品の掲示を教室内に蓄積していった。

　2学期の半ばになると、教室内には掲示するスペースが無くなってしまった。そのため、S教諭は掲示物を天井からぶら下げたり、南側のすべての窓ガラスにも掲示をせざるを得なくなってしまった。

　その結果、教室は陽の光が遮断され、午前中から1日中、電気をつけなければならなくなってしまった。それでも、S教諭は掲示物を取り除こうとはしなかった。

　このような環境について、児童は特に何も言わなかった。しかし、③陽の当たらない環境に慣れてしまったのか、1学期と比べて、休み時間に外で遊ぶ児童の姿が激減した。

　11月の授業参観時に、S教諭は複数の保護者から教室環境の悪さを指摘された。④しかし、S教諭は、掲示物の重要さを述べて強く反論した。その後、管理職からも、「せめて陽の光はさえぎらないようにしなさい」と注意をされたため、少しずつ掲示物の整理を試みた。

　教室に陽の光が入るようになった3学期には、休み時間に外で元気よく遊ぶ児童の姿が日に日に増加していった。

教室には陽の光が必要

KEY WORD

ユニバーサルデザイン・掲示物・陽の光

　S教諭が実践したように、学級づくりをしていくうえで、掲示物は重要な手段の一つである。S教諭は学級内に特別な配慮が必要な児童がいたことから、すぐに教室のユニバーサルデザイン化を試みた。その実行力については賞賛したい。ただし、結果的に教室への陽の光をさえぎり、常に電気をつけなければならないという環境をつくってしまった。このような環境は人格形成の過程にある児童にとっては、当然、良い環境であるとは言えない。そもそも、ユニバーサルデザインとは、「多くの人が利用しやすいデザインにすること」が基本的な考え方であり、対象を障害者に限定している「バリアフリー」などとは異なるものである。

　S教諭は学級づくりに一生懸命に取り組んでいたが、自分一人の感覚のみで行動してはいなかっただろうか。定期的に児童の声を集めることも必要である。また、初任者教員にかかわらず、日頃から先輩教師や同僚教師を手本にして、真似をすることから始めたり、自分の実践を謙虚にチェックしてもらうことが大切である。

　それにしても、児童が快晴の日でも朝から電気をつけるような教室に順応していき、違和感なく生活していることに危機感を抱かざるを得ない。改めて、児童が生活する環境には細心の注意を払いたい。教室環境を整備することは、教育活動をするうえで、最も基本的な働きかけの一つである。教師には、まず児童が安全かつ安心して生活できる環境をつくることが最低限求められている。

ポイント

❶児童が授業への集中力を高めるように工夫をすることはよいことである。ただし、それらの工夫が教師側の感覚のみで行ってはいないだろうか。どのような環境が、児童にとって集中できるのか、実際に児童の声を集めることも大切なことである。

❷学級の取組や児童の作品などを、教室内に蓄積していくことは素晴らしい。このような足跡を残していくこと自体が「学級づくり」と言えるのかもしれない。皆で頑張った姿や子どもたちの変化が目に見えるということは、子どもたち自身にとってもうれしいものである。

❸休み時間に外で遊ぶ児童の姿が激減した時点で、担任教師は危機感を持つべきである。そして、「なぜ、外で遊ばなくなったのか」を客観的に考えてみたい。

❹自分の考えを主張することは必要ではあるが、保護者の声にも耳を傾けるべきである。保護者は必ずしも担任の働きかけを全面否定しているとは限らない。保護者の視点はそれぞれの子どもの様子を踏まえたものであり、参考となる部分がたくさんある。

事例19 「ソーシャルスキルトレーニング」を行う目的は？

　A教諭は初任者教員としてM小学校に赴任し、4年2組の担任を受け持つことになった。
　A教諭は昨年度も同校で講師をしていた。そのため、同学年には自己を表現する力が乏しく、友達とよりよい人間関係を築くことができない児童が少なくないことを把握している。
　A教諭は自ら書店で見つけてきた、人間関係を形成するための「ソーシャルスキルトレーニング（以下、「SST」とする）」を新年度当初から、学級内で定期的に実践することにした。具体的には、（人からの頼み事の）「上手な断り方」など予め課題を設定し、ペア（またはグループ）ワークなどを通して、①児童のコミュニケーションスキルを向上させることを試みた。
　この働きかけにより、児童相互の間に「安心感」や「親密感」が生まれてきたかについては定かでないが、1学期間は大きなトラブルもなく、平穏な日々が続いていった。このA教諭の実践は夏季休業中に行われた市内の初任者研修会で、「社会性をはぐくむ働きかけの模範」として紹介された。
　②夏季休業明けの9月初旬は、学級に落ち着きが見られない。授業中におしゃべりをしたり、居眠りをする子どもが少しずつ見られるようになってきた。また、学級内では比較的目立たないS男が学校を休みがちになった。さらに、子ども同士のささいなトラブルも発生するようになった。
　③A教諭は学年主任の「初期対応を誤らないようにしなさい」という助言のもと、頻繁にS男の家庭へ電話連絡をし、時には家庭訪問をして母親やS男とじっくり話をした。トラブルを起こした子どもへも、休み時間や放課後などに時間を取って指導をした。
　このような状況のため、A教諭は参考としていた「SST」を短時間で実施できるような内容に改良し、④毎日、朝の会で導入することにした。毎朝の「SST」により、児童同士のトラブルが減少するなど、学級は落ち着きを取り戻したかのように見えた。
　しかし、11月に実施した「学校生活アンケート」で、4年2組の結果は好ましくはなかった。具体的には、5月に実施した同アンケート結果と比べて、「学校が楽しい」と「皆で何かをするのが楽しい」の項目で、肯定的な回答が、それぞれ39％と28％へと下降していた。
　A教諭は、自分の力量不足にすっかり自信をなくしてしまった。

解説 絆づくりができる「場」や「機会」

KEY WORD

絆・ソーシャルスキルトレーニング・学校生活アンケート

　子どもの課題を十分に把握していたA教諭は、自ら見つけてきた「SST」を新年度当初から実践するなど、学級づくりに対する熱意がストレートに伝わってくる。ただし、9月以降、学級内に様々なトラブルが見え始めてからは、そうしたトラブルが起きないようにする目的で「SST」をしていたと思われる。つまり、人間関係をつくるきっかけとして始めたことを、問題が起きないようにするためにすり替えてしまった。

　もちろん、A教諭の働きかけは、子どもの「居場所づくり」につながる大切な取組である。ただし、こうした働きかけを行っていけば、自然に子どもの間に「絆」が生まれてきたり、「社会性」がはぐくまれたりするわけではないことは、4年2組のアンケート結果からも確認できる。子どもに「自発的な思いや行動」が湧き起こらなければ、それは、「与えられたもの」や「やらされているもの」にとどまってしまい、「絆づくり」とは異なる取組となってしまう。子どもの「居場所」をつくるのは教師であるが、子ども同士の「絆」をつくるのは、あくまでも子どもたち自身なのである。子どもの社会性育成がより重視されている現在において、教師の働きかけは、子どもの「居場所づくり」にとどまることなく、子ども同士の「絆づくり」を進めていく必要がある。

　教師主導のエクササイズやトレーニングを繰り返すだけでは「絆づくり」にはならない。教師の役割は、子ども同士で「絆づくり」ができるような「場」や「機会」を準備することである。

ポイント

❶子どものコミュニケーションスキルを向上させることは大切である。ただし、表面的なスキルのみにとどまらせることなく、子どもに、お互いを尊重することの大切さを伝えていくことは集団生活では欠かせない。

❷夏季休業明けの9月初旬は、学級に落ち着きが見られないことが少なくない。だからこそ、9月初旬の授業内容などには十分な準備をして望みたい。

❸学年主任の「初期対応を誤らないようにしなさい」は、重要な助言である。初期対応の「初期」とは、どの状況での対応なのかを誤ると、それは初期対応ではなくなる。基本的には、子どもの変化を感じた時点で何かしらの行動を起こすことが必要である。

❹教育は一朝一夕ではできないことであるため、毎朝、継続的に働きかけをすることはよいことである。ただし、その活動の趣旨を明確にし、定期的に子どもの声を聞くなどして、活動の点検もしたい。

19　「ソーシャルスキルトレーニング」を行う目的は？

取組の意図を明確に伝える

　N中学校に新任教諭として赴任した保健体育科のB教諭は、いきなり1年2組の担任を受け持つことになった。3年間の講師経験があるものの、初めての担任ということで年度当初はとても張り切っていた。

　まず初めに、几帳面な性格であるB教諭は教室環境を整備することを心掛けた。①掲示物の作成や掲示場所の配置まで、すべてB教諭の指示で行っていた。また、②B教諭は帰宅前には教室に行き、机の列を整え、黒板をきれいにし、ゴミ拾いをすることを日課としていた。

　次に、B教諭は「学級通信」を毎日発行することを心掛けた。③普段は職員室や教室とは離れた場所にある体育教官室に居ることが多いため、生徒との距離感を近いものにしたかった。このようなことから、B教諭の帰宅時間はいつも夜の10時過ぎであった。

　ある日、保護者から学年主任に苦情の電話が入った。
　保護者「1年2組の学級通信は何とかなりませんか？」
　教　頭「と言いますと……？」
　保護者「内容は生徒に対する文句と愚痴、担任のストレス発散という感じです」
　教　頭「具体的に言いますと？」
　保護者「『昨日も放課後にはゴミがたくさん落ちていました！』、『清掃を真面目に取り組んでいない人は○○君と□□君と××さんです。何をやってるのでしょうか！！』、『担任がこんなに頑張っているのに、何で皆が頑張らないのでしょうか？小学生以下ですね！』……という感じです。ウチの娘が名指しで注意をされたわけではないのですが、他のお子さんの中には何度も名前が出てくる子もいて、とても心が痛いです。先生の愚痴はどこか別のところでやってほしいし、生徒を指導したいのなら、こんな学級通信を利用しないで、面談でもしたらいいのに……って思っちゃうんですよ」

　④1学年のベテラン教諭からも、「B先生が毎晩一生懸命に教室を掃除しているので、モチベーションを下げないためにも本人には伝えていませんが、授業中は1年2組の教室が一番汚いですよ」という声が学年主任の耳に入ってきていた。

自ら行動するように働きかける

　B教諭が教室内の環境整備に力を入れていることは大変評価できる。掲示物やその配置場所などにも配慮することは、特別支援教育における重要な視点でもある。ただし、B教諭は、その配慮についての提案を生徒にすることなしに、すべてB教諭の指示で行っていることが気になる。いずれにせよ、生徒が落ち着いて学習や生活ができるためにも環境整備は欠かせない。

　B教諭が毎晩、自らが教室内の清掃などをしていることや学級通信を毎日発行していることはなかなかできることではない。しかし、B教諭が環境整備に力を入れている意図が生徒や保護者には不明確であることが残念でならない。

　例えば、「集団生活の場である教室を整備することの大切さ」を生徒に伝えたいのか？それとも、「（子どもには）落ち着いた教室で授業に集中してほしい」のか？　など明確に伝えたい。意図が伝わらなければ、生徒には「几帳面な先生が自分の満足感で教室をきれいにしている」としか映らず、「やらされている」という感覚さえも与えかねない。

　要するに、「何をするか」ではなく、(生徒の)「何を」育てるために、「どのように」するのかを意図的・計画的に行うことが大切なのである。教師には生徒が自ら進んで行動をするように働きかけをすることが求められている。

KEY WORD
環境整備・学級通信・保護者

ポイント

❶B教諭が指示をすることは悪いことではない。ただし、生徒の同意を得た指示と生徒の声を無視した一方的な指示とでは意味が全く異なる。授業の進め方とは異なり、教室の環境は生徒も含めて、クラス全員でつくっていきたいものである。

❷毎日、帰宅前に教室の整備をしていることは賞賛できる。その際、ただ単に教室をきれいにするだけでなく、クラスの状況を把握するという意識も持ちたい。例えば、机の配置（「誰かの机のみが離されていないか」）や、机や掲示物などに個人を中傷するような落書きがないかなど、放課後の教室からは、クラスの状況を把握できることが多い。

❸普段は、体育教官室に居ることが多いため、「生徒との距離感を近いものにしたい」というB教諭の気持ちは理解できる。しかし、生徒との物理的な距離と精神的な距離感は比例するものではない。

❹ベテラン教諭であるならば、事実を伝えてあげてほしい。それは本人のみならず、子どものためになることである。教師も機会があるたびに、ベテラン教諭などに、自分自身の実践についての助言を求めることが大切である。

集団生活の大切さを地道に伝える

　O高等学校のC教諭は採用後2年目の教員である。今年度より3年4組の担任を受け持つことになり、学級経営にとても張り切っていた。①特に清掃活動については、自らが学生時代にしっかりと指導を受けた経験があることから、その大切さを生徒にも伝えたかった。

　学級内のK男は真面目でおとなしい生徒である。国立大学進学を目指しているため、4月より週に3日間は予備校に通っている。K男は17時30分から始まる予備校の授業に間に合わせるために、授業終了後の清掃活動と帰りのSHR（ショートホームルーム）に出ないで下校している。

　②C教諭はそのことについて、何度もK男に注意をしたが、K男が納得しないため、母親に電話で話をした。

　C教諭「③お母さん、K男君が週3回、清掃をしないで予備校に行かれていることはご存知でしょうか」

　母　親「はい知っています。でも、15時15分までの授業はちゃんと受けていますよね」

　C教諭「④15時55分までが学校としての教育活動ですので、それ以前に学校を出て予備校に行くことは本末転倒ですよ」

　母　親「本人は今、これまでにないくらいに目標を持って頑張っているのですから、学校としても応援していただけないでしょうか」

　担　任「学校として、15時55分前に予備校に行くことを認めることはできません」

　母　親「わかりました。それでは、週3回は、早退扱いにしていただいて結構です。授業の欠席はないので、単位の修得に関しては問題はないと思いますので……」

　C教諭「…………」

解説 清掃活動やSHRは大切な教育活動

KEY WORD

清掃活動・予備校・教育活動

　清掃活動はただ単に教室をきれいにすることだけが目的ではない。清掃やホームルームなどの活動は、集団による実際の生活や体験を通して、よりよい生活や人間関係を築く力、また、自主的、実践的な態度、望ましい集団活動の方法を身につけていくなど、大切な教育活動の場である。こうした「なすことによって学ぶ」という活動は、一朝一夕に成果を上げることが望めないため、日頃から地道に積み重ねていくことが大切である。

　本事例における、C教諭の言動は正しいことであり、今後も信念を持って清掃活動を進めるべきである。ただし、15時55分前に予備校に行くことのみに焦点を当てた説得だけでは、本人は「強制されている」という意識になってしまい、清掃活動などが目指している目標に届かなくなる。また、K男の母親の「本人は今、これまでにないくらいに目標を持って頑張っているので、応援してほしい」という気持ちも、担任として理解してあげたい。学校での教育活動を優先しつつも、K男が予備校との両立ができる方策をいっしょに考えたりするなど、肯定的に向き合いたい。

　清掃活動や帰りのSHRなどについては、年度当初からねらいを明確にして、その大切さを生徒のみならず保護者にも繰り返し伝えたり、教室内に清掃活動などにかかわる掲示物を工夫するなど、日頃から生徒の意識を高めるような働きかけをしたい。生徒自らが清掃活動の意義を理解し、自分自身のためになる活動であることを実感すれば、積極的に取り組むはずである。そのため、生徒が自主的に取り組むようになるまで教師は粘り強く働きかけたい。

　学校は勉強だけをする場所ではない。清掃活動なども含めたすべての教育活動を充実させることで、生徒の「知・徳・体」のバランスのとれた「生きる力」をはぐくみたい。

ポイント

❶自分自身の経験を生徒に伝えることは、説得力のあることである。ただし、自分自身の経験のみが正しいとして、生徒に押しつけるようなことは避けたい。

❷本文からは、注意の内容までは読み取れないが、注意の前に、清掃活動やSHR活動の意義や集団生活の大切さを、生徒に考えさせたい。

❸保護者に連絡をする際には、生徒の良い点や頑張っている点も伝えたい。保護者にとっては、学校からいきなり電話が来るだけでも不安になる人も少なくないと考える。

❹❷と同様に保護者にも、清掃活動やSHR活動の意義や集団生活の大切さとともに、生徒の成長には欠かせない活動であることを、まず第一に伝えたい。

課題意識を持たせてから話し合いをする

　初任者教員のA教諭はB小学校の5年2組の担任。5年生の児童は昨年度（4年生時）、少し落ち着きに欠けるという課題があった。A教諭は児童に上級生としての自覚を持たせるために、新学期早々の学級会で、「理想の5年生像」という題で話し合いをすることにした。

　①学級会当日、A教諭は話し合いの前に「4年生と5年生の違い」には何があるのかを皆で確認することを求めた。

　司会役のC男が皆に発言を求める。「新たに家庭科と外国語活動が始まる」、「委員会活動が始まる」……書記役のD子が、みんなの発言をどんどん板書していく。

　②学級内から、「勉強が大変そう」、「遊ぶ時間がなくなっちゃうよ」などの不安な声が聞こえてくる。

C　男「それでは、これからは理想の5年生像について話し合いたいと思います。自由に発言してください」

全　員「……」

C　男「誰か発言してくれませんか？」

全　員「……」

A教諭「③皆は5年生になって何を頑張りたい？　それぞれ自分の目標を話してみてはどうかな？」

全　員「今まで以上に本を読みたい」、「放送委員会に入って活動をしてみたい」、「家庭学習もしっかりやりたい」

C　男「それでは、再び理想の5年生像について話し合いたいと思います。皆さん、自由に発言をしてください」

全　員「勉強にしっかり取り組む」、「高学年として学校全体のことを考える」、「下級生の手本となる行動をする」

C　男「そろそろ時間なので、まとめに入ります。理想の5年生像は『高学年として学校全体のことを考えながら、下級生の手本となる行動をする』でどうでしょうか」

全　員「賛成！」

A教諭「④皆さん、明日から各自が理想の5年生像に近づけるような行動をしていきましょう。おつかれさまでした」

解説 子どもに夢や希望を抱かせるような工夫をする

KEY WORD
学級会・課題意識・話し合い

本事例では、事前に子どもたちに課題意識を持たせてから話し合いをしていることに着目したい。子どもたちが課題意識を持たないで行う話し合いは、受け身的なものであり、活発な話し合いが期待できないと考えられる。特別活動の特質は「自ら楽しく豊かな学級や学校の生活をつくりたいという課題意識をもって、指示待ちではなく、自分たちで問題を見付けたり話し合ったりして解決するなど、『子どもたちによる、子どもたちのための活動』※」である。子どもたちが、自分たちの問題として考えていくように工夫をすることが教師には求められる。

子どもたちが、理想の学級や学習について話し合い、これをもとに各自がよりよい学校生活をしていくために自分の目標を決める。そして、集団として協力し、個人として努力しながら前向きに取り組めるようにすることは、子どもたちの大きな成長につながると考えられる。

「願わないことは叶わない」……教師が子どもたちにたくさんの夢や希望を抱かせる働きかけをすることは、本来目指している生徒指導の営みの一つである。

※国立教育政策研究所教育課程研究センター『楽しく豊かな学級・学校生活をつくる特別活動　小学校編』

ポイント

❶「4年生と5年生の違い」を全員で確認するなどと、事前に子どもに課題意識を持たせることは、より活発な話し合いが期待できる。

❷期待と不安についての話し合いを分けて行うことも面白いかもしれない。自分だけでなく、友達も楽しみなことや心配事があることを確認することで、子どもには安心感が生まれる。

❸児童が自由に発言できるように、事前に（理想の5年生像に関する）アンケートなどを実施し、その結果をもとに話し合うような工夫をするなどと、きめ細やかな計画を立ててみたい。

❹子どもが自ら努力する目標を自己決定できるようにカードなどに記入させて、教室掲示するなどの働きかけも考えられる。

事例23 子どもが孤立しないような仕掛けを考える

　X中学校のY教諭は、新卒2年目である。担任をしている1年2組には、劇団に所属しているA子がいる。A子は、小学生時代には子役としてメディアなどに頻繁に出演していた。現在はメディアなどへの出演は少なくなったものの、地方ロケや舞台稽古などにより入学式直後から欠席や早退をすることが多い。当然、勉強も遅れがちである。

　A子は口数が少ないため、たまに登校したときなども友人関係をうまく築けず、教室で一人で小説を読んでいることが少なくない。そんなA子に対して、①Y教諭は「困ったことがあればいつでも相談においで」と声をかけていた。

　6月に入り、A子は地方ロケを理由に、1週間連続欠席していた。そんな時、Y教諭はA子の上履きがゴミ箱に捨てられていることを同僚教師から聞かされた。②すぐに学年主任と生徒指導主任に報告し、A子が登校してきたら、彼女の学校生活の様子を注視することにした。

　翌週に登校したA子は、休み時間に一人で読書をしており、クラスメイトと話をしない。体育館や特別教室などへの移動も、クラスメイトの後ろを少し距離を空けて歩いている。部活動には所属していないため、放課後は誰よりも早く下校している。Y教諭は、A子の様子や行動から、彼女がクラス内で孤立していることを察知した。クラス内にはA子の芸能活動に嫉妬し、快く思っていない生徒が少なくないことも把握した。

　数日後、Y教諭はクラス委員のB子を含め、学習面や生活面でクラスメイトから一目置かれている3人の女子生徒を呼んで、「影のお助け係をしてくれないか」と頼んだ。「影のお助け係って何ですか？」、「クラス内に一人で行動していたり、勉強などに困っている人がいたら、声をかけたり、いっしょに行動してあげる係だよ。③でも、この係のことは先生と君たち3人だけの秘密であって、決して他の生徒には言わないようにね」。3人の女子生徒は、いつも行動をともにしているわけではなかったが、責任感の強い3人はY教諭の意図を理解して快諾した。

　翌日から、早速、A子は3人と一緒に行動をするようになった。休み時間には、勉強の遅れているA子に3人がアドバイスをするようにもなり、A子は徐々に勉強についていけるようになった。

　そして、④A子以外にもいっしょに行動するおとなしい生徒も徐々に増えてきた。A子の表情は明るく、勉強にも一生懸命に取り組むようになった。

　年度末、皆勤賞を受賞した生徒数は全校で1年2組が一番多かった。

解説　影のお助け係

KEY WORD

孤立・責任感・影のお助け係

どの学校においても、孤立している生徒を心配しているクラスメイトは多いと思われるが、実際に声をかけたり、行動をともにしてあげるような生徒が少ないのが現状である。

本事例が成功したポイントは、「影のお助け係」として声をかけられた3人の女子生徒がクラス内で一目置かれた存在であったことと、Y教諭は3人の生徒に「A子と友達になってあげてくれ」と頼んだのではなく、「影のお助け係」を頼んだことが、責任感が強い3人の行動に結びついたのである。

現在、いじめの防止に向けて、様々な対策が求められているが、ひょっとしたら、Y教諭が考案した「影のお助け係」は、とても大きな示唆を与えてくれるものかもしれない。

ただし、年度途中からの運用は生徒の孤立を悪化させる場合も考えられるので、むしろ、孤立状況が見られない年度当初から、このような係（影のお助け係）を設定しておくべきであろう。

ポイント

❶「相談においで」と声かけをしたからといって、必ず相談に来てくれるとは限らないと理解しておきたい。日頃から、生徒が教師に話をしやすい雰囲気をつくることも大切である。

❷どんな些細なことでも、緊急時以外は自分一人で判断をするのではなく、報告・連絡・相談をすることを忘れてはならない。

❸「決して他の生徒には言わないようにね」は、他の生徒に言ったときのことまでを想定していなければいけないことは言うまでもない。

❹A子の孤立を防ぐように働きかけることは、A子以外の生徒の「居場所」づくりにも結びつくことを理解したい。

教師の言葉を30％削減する

　A小学校に着任した新卒のE教諭は、4年2組の担任。A小学校の教育目標は「自分の考えを持ち、他人の考えも尊重できる子どもの育成」であるため、E教諭は授業などに「話し合い活動」を積極的に取り入れることにした。

　5月最終週の学級活動は、各学級の裁量によるものであった。4年2組では、①E教諭の提案により「お楽しみ会」をすることにした。そこで、E教諭は「お楽しみ会」の内容を決めるための話し合いの場を設定。初任者指導担当のF教諭も同席することになった。

　児童A（司会者）「お楽しみ会で何をやりたいですか？」
　児童B「ドッジボール」
　E教諭「②（司会者に対して）理由を尋ねなくていいの？」
　児童A（司会者）「理由も言ってください」
　児童B「楽しいから」
　児童C「サッカー。理由は、サッカーが好きだからです」
　E教諭「雨が降った場合のことも頭に入れてね」
　児童D「体育館で卓球大会。雨の心配がないから」
　児童E「私は運動が苦手なので、教室でできることにしてほしいな〜」
　E教諭「③クラスの絆をつくるために、大縄跳びなんてどうかな？」
　児童A（司会者）「それでは、大縄跳びはどうですか？」
　児童全員「……」

　時間がきたため、話し合いの続きは翌日になった。放課後、F教諭が「自分の発言を今の30％削減してみると、お楽しみ会の内容が決まると思うよ」とだけ助言した。E教諭はF教諭の言葉の意味がわからなかったが、翌日は意識して発言しないように努めた。

　児童A（司会者）「それではもう1度決めたいと思います。皆さんどうですか？」
　児童F「④チーム対抗戦にしたら面白いんじゃない？」
　児童D「それなら、卓球の対抗戦がいいな〜」
　児童A（司会者）「でも、運動が苦手な人もいるよね」
　児童G「チーム対抗戦のクイズ大会はどう？」
　児童全員「賛成！」、「僕も賛成！」
　児童A（司会者）「E先生、クイズ大会でいいですか？」
　E教諭「もちろん！」

解説 教師主導から子ども主導にする

KEY WORD

学級活動・話し合い・言葉を30％削減

　本事例からは、教師主導から子ども主導にすることの大切さを改めて確認できる。意見が違うからこそ話し合う必然性が生まれるのであり、そこに教師が不必要に発言することは、子どもの思考力、判断力、表現力をはぐくむ機会を奪うことにもつながる。

　ただし、教師が発言を控えることは、子ども任せにするということではない。適宜、行事などの目的を確認するとともに、教師が子どもの考えや行動について、意味づけをしてあげることは、子どもの自信を深めるとともに、世界観を広げることにつながるのである。

ポイント

❶はじめから教師の提案（お楽しみ会）ではなく、子どもたち自身が提案することにしてもよいかもしれない。子どもが自由に提案できる機会を意図的につくることは、子どもの思考力をはぐくむことにつながる。

❷理由を尋ねる必要性を後で子ども自ら気がつくことは、子どもの判断力を高めることにもなる。教育には、待つことも時には必要である。

❸教師の発言は子どもを誘導してしまうものであり、そのことが、子ども自ら考えることにブレーキをかけてしまうことにもなる。子どもの主体性を引き出すためには、ヒントを与えるまでにとどめておきたい。

❹「チーム対抗戦」は子どもながらの発想である。子どもには、大人にはない発想力がある。教師は子どもの意見をまず肯定から入るように努めたい。

教室の掲示物を工夫する

　教師２年目のＨ教諭は、Ａ高等学校の英語科担当。Ｈ教諭は恩師（小学校時代の担任）の影響により、小学校教員を目指していた。しかし大学進学時、迷いに迷ったすえ外国語学部に入学し取得した教員免許状が中・高の英語であったため、高校の教師になった。

　今年度から１年３組の担任を受け持っているＨ教諭は、①クラスの生徒全員が居場所を感じられるクラス環境をつくるため、４月の入学式後から掲示物を充実させることに力を注いでいる。具体的には、生徒に記述してもらった自己紹介カードや生徒の誕生日、また、生徒の委員会や係活動別の一覧表のそれぞれに、②生徒一人一人の顔写真を付けて掲示した。しかも、それぞれの掲示物には、折り紙などで飾りをつけていた。

　先輩教師の中には「今からでも、小学校の先生を受け直したら？」、「子どもの発達段階をもっと理解しようよ」、「教室の環境整備もいいけど、教科指導もしっかりやってくれよ」などといった苦言を呈する人がいた。

　クラスの生徒の反応はどうかというと「何でうちのクラスだけ、こんな派手な掲示物なの？」、「高校生にもなって顔写真はいらないよな」などといった声が聞こえてくる半面、「クラスメイトとの距離が近い感じがする」、「③小学校時代に戻ったみたいで、純粋に頑張ろうという気持ちが出てきた」などといった声も聞かれた。そして、複数の生徒が教室内の掲示物などの作成を進んで手伝ってくれるようになってきた。

　ある日、お手伝いをしてくれている生徒のＳ子が「先生、提出物のノートにシールを貼って返却してくれませんか？」と頼んだ。

　Ｈ教諭「どうして？」

　Ｓ　子「だって、小学校のときに先生が貼ってくれたシールを励みに頑張った思い出が
　　　　あるんだもん」

　Ｈ教諭「④わかった！　さっそくシールを買ってこよう」

　Ｋ　男「僕の小学校では、各班別に木と枝を掲示物に描き、日々の学校生活の中で周囲
　　　　が認めるような良い行動をしたら、先生が紙の葉っぱをその班の枝に貼ってくれ
　　　　ました。葉っぱがほしくて、いつも班で協力をして良い行動をすることを心がけ
　　　　ていました」

　Ｈ教諭「それ、うちのクラスでもやってみようか？」

　７月下旬、１年３組の１学期間の出席率は全校で一番高い数値を示していた。多くの先生方からも「１年３組の生徒は明るく真面目で、進んでお手伝いもしてくれるので、授業をしていて本当に気持ちがよい」という声が聞かれている。

固定観念を捨てる

KEY WORD

居場所・掲示物・自尊感情

H教諭は子どもが大好きで、クラス内にすべての子どもの居場所づくりと子どもの自尊感情をはぐくもうとしていることが掲示物からストレートにうかがえる。一般的に、幼、小、中、高と、学年が上がるにつれて、掲示物などの色彩に華やかさがなくなってくる。それは、教師側の固定観念によるものではないだろうか。

H教諭のように、純粋に子どもを喜ばせようという意識は、教師にとって最も必要なことである。固定観念を持つことは、それだけ、子どもを喜ばす機会を減らすことでもある。

ポイント

❶クラスの生徒全員が居場所を感じられる環境をつくることは学級経営の第一歩である。そのため教室の環境整備（教室清掃、整理整頓、掲示物の充実など）は欠かせない。

❷生徒が安心でき、自己存在感や充実感を感じられる場所をつくることこそが「居場所づくり」である。一人一人の生徒を主役にするような働きかけ（掲示物）は、高校においても必要なことである。

❸「高校生だから……」という固定観念や形式、技術などにこだわらず、教師が生徒を喜ばせたいというストレートな想いは、必ず生徒に伝わるものである。

❹何でもかんでもは無理があるが、良いと思ったことは肯定的にとらえて試行してみることは、新たな発見につながる。また、「やらない後悔より、やった後悔」という教師の考え方が生徒の積極性をはぐくむものである。

事例26 小学校低学年はたくさん遊ばせる

　都市部にあるA小学校に赴任したB教諭は、2年2組の担任。大学の教育学部を卒業したばかりである。B教諭は学校、特に小学校が大好きであったことから、小学校教諭の道を志してきた。

　A小学校では、基礎学力の向上とともに、「自ら進んで勉強する子どもの育成」を重視していた。2年2組の子どもたちは、全体的に素直だがおとなしく、ほとんどが塾や習い事をしている。そのため、休み時間は読書や塾の宿題をしている児童が少なくない。

　B教諭のモットーが「子どもは風の子」、「外で元気に遊ぶ」であったことから、学級内の児童に対して、①「少しでも丈夫な子どもにしてあげたい」と考えていた。

　B教諭は、毎日2時間目と3時間目の間の中休みや昼休みに、学級の子どもたち全員に声をかけて、校庭で鬼ごっこやドッジボールなどをしながらいっしょに遊んでいた。また、②児童に出す宿題は最小限にとどめていた。

　ある時、一部の保護者から「2年2組は他のクラスに比べて宿題が少ないので、もっと宿題を出すようにしてほしい」、「休み時間に塾の宿題をやらないと間に合わないので、無理に遊ばせないでほしい」などといった苦情と要望が教頭先生に寄せられた。

　他の先生方からも「遊びも大切だけど勉強も重視したほうがいいよ」、「何事もバランスが大切だよ」という助言があった。中には、③「子どもがけがをしたら大変だから、遊びはほどほどにしておいたほうがいいよ」と言う先輩教師もいた。

　A小学校がある市では、年に2回（5月、11月）、国語と算数の統一テストが全学年で行われており、④2年2組の平均点は両科目ともに、市内の平均点を下回っていた。そのこともあり、ある日、B教諭は教頭先生からも「休み時間の遊びを少し自粛するように」と言われた。B教諭は泣きながら「私は自分自身が小学校の休み時間での遊びを通して、先生が、友達が、そして、学校そのものが大好きになり教師を目指してきました」、「低学年の子どもたちに遊びは絶対に必要です」、「決して授業をおろそかにしているつもりはありません」と教頭先生に訴えた。結果的に、休み時間の学級全員での遊びは週2回までということになった。

　7月初旬、A小学校で研究発表会があり、B教諭は体育の授業を行った。全体会での来賓（教育委員会）の講評では、「2年2組はとても元気がよく、子どもらしく活き活きと授業に参加をしていたことが強く印象に残っています」という言葉をいただくことができた。その後、休み時間に子どもといっしょに遊ぶ先生が徐々に増えてきた。

「生きる力」の三要素、特に「体」が大切

KEY WORD
低学年・習い事・休み時間

　ある市が独自に実施している学力テスト（小学1年〜中学3年）では、学習成績と同時に行っている児童生徒への質問紙の回答結果をクロス集計したところ、小学校3年生までは、学校外での学習時間が長いほど学習成績が低い傾向にあり、小学4年生からは逆転する傾向が見られたという。

　このことからも、小学校低学年では、勉強ばかりではなく、元気に遊ばせることが大切であり、B教諭の「少しでも丈夫な子どもにしてあげたい」という想いには賛成できる。

ポイント

❶人が生活していくうえで、健康な体は絶対に欠かせない。したがって、「知」「徳」「体」の「体」を軽視してはならず、むしろ、低年齢では「知」、「徳」の前提条件が「体」であるといっても過言ではない。

❷宿題を出す意図が明確でないと無意味なものとなる。小学校低学年では、「家庭での学習習慣の定着」も視野に入れることも大切である。

❸とてもネガティブな発想である。「けがをしたら大変だから……」を「けがをさせないために……」という肯定的な発想を教師が持たなければ、活き活きとした子どもは育たない。

❹平均点を指標にするのみならず、「前回に比べてどうだったのか」という視点も必要である。他と比べるばかりでなく、個々やその集団の変容にも目を向けることが大切である。

事例 27　子どもの良いところを探す

　新卒2年目のA教諭は、B中学校の1年2組の担任。社会科を担当している。中学校時代は目立たない生徒だったが、担任教諭から地道に努力する姿を①クラス全員の前でほめられたことが、教職を目指す契機となった。A教諭は教壇に立つようになって以来、生徒の良いところを探すように試みている。

　1年2組では、毎日、「帰りの会」で生徒が2人1組になり、お互いの良かった点を伝え合うという「良いところ探し」活動を4月から行っている。具体的には、「掃除を一生懸命に行っていたね」、「ゴミを分別していたね」などというような声が聞こえてきた。②ペアは毎日交代した。

　学級の生徒全員と活動を終えた5月下旬には、同活動を3人1組で、その後は4人1組で行うことにより、学級内に他者を認める雰囲気が徐々に醸成されていった。現在では、生徒に「良いところカード」を配付し、学級内の生徒全員を対象として、良いところを探すという方式に変えている。③なお、カードは教室内に「良いところ探しコーナー」を設け、そこに掲示している。

　ある時、他学年の先生から「1年2組には決まりを守れない生徒がいるので、しっかりと指導してほしい」、「④生徒の良いところを探すのは悪いことではないが、いけないことはいけないと指導してほしい」といった声が1学年主任に寄せられた。

　学年主任は、A教諭の活動を認めつつも、規律指導を重視するように助言した。おとなしい性格のA教諭は、「わかりました」と返答したものの、生徒への働きかけを変えることはなかった。

　そのため、規律の必要性を指摘した他学年の先生が、A教諭に直接「規律指導ができないなら『良いところ探し』の活動なんかやめてほしい」と大声で怒鳴りつけた。その様子を見ていた1年2組の生徒たちは、翌日から、全員が自ら決まりを守ろうとしていた。

　「良いところ探し」の取組は、保護者の間では好評で、「内気な息子が、活き活きとしている」、「毎日、楽しんで登校している」、「進んで家のお手伝いをしてくれるようになった」などといった声が聞かれている。

　現在、B中学校では「他学年の良いところ探し」コーナーが各学年の廊下に設けられ、「良いところ探し」の取組は学校全体で行われるようになっている。

解説 誰もが人より優れているところがある

教師にほめられたり認められたりしたことがきっかけで、勉強が好きになったり学校が楽しくなったりした人は数知れない。またA教諭と同様に、自らほめられたことが契機となって教職の道を志したという先生は少なくない。人間であれば、必ず人より優れているところがある。

それが、「地道に努力をすることができる」、「笑顔で周囲を和ませることができる」などといったようなことでも、一人一人の子どもの良いところを見つけようとしてくれる教師はなくてはならない。

ポイント

❶「人から認められている」、「人の役に立っている」という自己有用感をはぐくむことは、他者を攻撃する可能性を少なくするのみならず、意欲をはぐくむことにもつながることである。

❷毎日、ペアを変えて活動をすることは、子ども同士の「絆づくり」にもつながる。教師にできることは、子ども同士が「絆」をつくる場や機会を提供することである。

❸肯定的な雰囲気を醸成できる面白い取組である。しかし、カードの少ない子どもに注視するとともに、彼らの居場所がなくならないような働きかけも忘れてはならない。

❹いけないことはいけないと指導するのは、教師として当然のことである。ただし、良いところをほめることで、子ども自ら決まりを守ろうとするようになることに「教育」としての価値も見られる。

KEY WORD

帰りの会・良いところ探し・自己有用感

生徒同士が仲良くなるきっかけをつくる

　A高等学校のB教諭は、新卒2年目である。英語科の担当で、今年度から1年B組の担任を受け持っている。A高校は普通科の進学校であり、総合選択制を取り入れているため、生徒は2年時から自分の進路希望に合わせて授業を選択することになる。そのため、①自分が所属しているホームルームのクラス単位で授業を受ける機会はほとんどない。朝のSHR（ショートホームルーム）が終わると、生徒は各自が選択した授業が行われる教室に移動する。昼食と帰りのSHRも1年B組で行われるが、選択した教科や所属する部活動などが異なると、クラスメイト同士での接点がほとんどない生徒もいる。

　B教諭は、A高校の総合選択制というシステムを理解しながらも、1年B組の生徒同士が「絆」をつくれるような働きかけをすることを常に考えていた。4月中旬、②B教諭はクラスの生徒たちに「昼休みに、クラスの38人全員で大縄跳びをしないか」、「皆で目標回数を決めて練習しよう」と提案した。生徒からは「何のために大縄跳びをするんですか？」、「体育祭で大縄跳びの種目があるわけではないし、わざわざする意味がわかりません」、「昼休みは授業の予習をしなければならないから、僕は無理です」、「高校生にもなって、大縄跳びかよ」などと、否定的な声がほとんどであった。B教諭は「じゃあ、参加できる人だけでもやろう」と提案した。

　翌日、大縄跳びに参加した生徒は男子2人、女子3人の5人だった。「5人なら大縄を使う必要はないですね……」、B教諭は「いや、やろうよ。縄を短くして僕が回すから。目標回数は何回にしようか？」と言った。翌朝のSHRで「昨日は、先生も入れて6人で目標回数5回をクリアしたぞ。今日の目標は10回だ。挑戦者は昼休みに中庭に集合！」と明るく声をかけた。その日の参加は6人と前日よりも1人増えた。B教諭は、毎朝同じように参加の声かけをするが、10人を越える日はない。しかし、参加している生徒たちは、男女の区別なしに少しずつ笑顔で会話をするようになってきた。

　5月初旬には、常時参加している生徒が、それぞれクラス内で声をかけるようになり、少しずつ参加する生徒が増えてきた。それに比例するように、③クラス内でも、大縄跳びに参加していない生徒も含めて、昼食時の会話や笑い声が増えてきた。中間考査前には、放課後に教室に残って勉強を教え合う光景も見られるようになった。

　6月の終わり、大縄跳びに参加している生徒の数は、1日に平均して15人ぐらいになった。④B教諭は、今朝も「今日の目標は60回だ。挑戦者は昼休みに中庭に集合！」と明るく声をかけている。

学校は友人といっしょに生活する場

　高等学校は義務教育の学校に比べて、各学校のシステムにより、クラス単位での活動が少ない場合もある。そのため、部活動に所属していない生徒などは、集団活動の機会が少ない。

　Ｂ教諭は大縄跳びをすることを通して、生徒同士が仲良くなるきっかけづくりにしようとしているのだが、決して参加を強制することはない。常に明るく、そして地道に生徒とともに大縄跳びをする姿勢こそが生徒に安心感を与え、居心地の良いクラス環境に結びついていると思われる。

　どの学校段階であっても、学校は友人と一緒に生活する場であることに変わりはない。高校におけるＢ教諭の働きかけには、賛否両論があるかもしれないが、本事例は「教師とは何か？」を考えさせられるものである。

KEY WORD

総合選択性・大縄跳び・居心地

ポイント

❶様々な形態のある高校こそ、特別活動（ホームルーム活動）を重視すべきである。好ましい集団の環境をつくることが一番の生徒指導であると言っても過言ではない。

❷子どもの主体性をはぐくむことは生徒指導の大きな目標の一つであり、教師が主導することは控えるべきとはよく言われ、高校ではなおさらその傾向が強い。ただし、時には、生徒の主体性をはぐくむきっかけをつくる目的で教師が主導することも必要である。

❸全員で大縄跳びをすることで、クラスの団結力を築こうとすることはよく見られる。しかし、Ｂ教諭が大縄跳びの全員参加を強制しないことが、生徒に安心感を与えており、いつのまにかクラスに和ができつつある。

❹Ｂ教諭が毎朝、同じことを明るい声で繰り返していることは、「今日も皆で仲良く学校生活を送ろう」というメッセージでもあり、そのことが、一歩一歩クラスの和を深めることにつながっていると思われる。

事例29 子どもといっしょになって遊ぶ

　新卒のＡ教諭は、Ｂ小学校で３年２組の担任を受け持つことになった。Ａ教諭は子どもの頃から運動が苦手で、中学・高校時代は放送部に、大学では映画研究同好会に所属していた。教師を目指したのは、両親が教師であったことや授業が大好きだったからである。
　Ｂ小学校の教育目標は「元気な子どもの育成」であり、休み時間はほとんどの子どもたちが校庭で遊んでいる。３年２組の子どもたちも前年度と同様に、休み時間に校庭でドッジボールや縄跳びなどをしていた。最初は、Ａ教諭も休み時間は校庭に出て、子どもたちが元気に遊ぶ姿を観ていたが、次第に①次の授業の準備や事務作業などをするために教室内に残るようになってきた。
　ある日の放課後、学年主任がＡ教諭に話しかけた。
　学年主任「休み時間は、できるだけ外で子どもたちといっしょに遊んではいかがですか？　子どもたちの様子もわかるし、よく観ていないと（子どもたちの）けががが怖いですよ」
　Ａ　教　諭「そうですね……。わかりました」
　翌日から、Ａ教諭も休み時間は校庭に出るようになった。すると、複数の男子から「先生、いっしょにドッジボールやろうよ」、複数の女子からも「先生、こっちでいっしょに鬼ごっこして！」などと、Ａ教諭に声をかけてきた。
　Ａ　教　諭「②先生はここで観ていることにするよ」
　複数の児童が「え～、つまらないの～」、「去年の担任の先生はいっしょに遊んでくれたのにな～」などと、少し不満顔になっていた。
　Ａ　教　諭「皆、ごめん！　先生は運動が苦手なんだよ」
　子どもたちの中には、校庭に出ても花壇の縁に腰かけておしゃべりしていたり、皆が遊んでいる姿を眺めているだけの子どもが少しずつ増えてきた。さらに、外に出ないで教室にとどまる子どもも出てきた。保護者からも「いつも泥だらけになって帰宅してくるのに、最近は洋服が汚れてないのですが、うちの子は皆といっしょに元気に遊んでいるんでしょうか？」などという問い合わせの電話も来るようになった。
　このような状況から、③Ａ教諭は自ら子どもたちといっしょに遊ぶようになった。子どもたちからは「先生、ボール投げ下手くそだな～」、「先生、縄跳び飛べないんだから、縄を回す係だよ」などという声が聞かれるが、皆、笑顔だった。徐々に、④花壇で話をしていたり、教室にとどまっていた子どもたちも遊ぶようになってきた。Ａ教諭は毎日、苦手な運動に冷や汗をかきながらも、たくさんの子どもたちに囲まれて過ごしている。

解説 ▶ 教師の心は常に子どもの心であるべき

　教科指導や生徒指導の知識や技術は、経験によって差が生じるが、子どもといっしょになって遊ぶことに知識や技術は二の次である。子どもはいっしょに遊んでくれる先生が大好きで、決して先生に高度な技術を期待しているわけではないだろう。大切なことは運動が苦手であっても、子どもといっしょに遊ぼうという行動力である。

　大人同士であっても、いっしょに行動をしてくれる人には、親近感を覚えるものである。子どもであればなおさらであろう。「教師の年は五十でも六十でもよいが、心だけは常に子どもの心でなければならぬ（パイル）」（多田元樹『小学校の学校経営はシジュウカラで決まる』平成27年4月、15ページ）

ポイント

❶たとえ事務仕事などに追われていても、特に（小学校の）低中学年では、子どもたちのそばにいて、彼らと接することが大切なことである。

❷子どもから声をかけられてもいっしょに遊ばない小学校教師は、教師の仕事を放棄していることと同じではないだろうか。

❸教師であっても得て不得手はある。しかし、苦手なことでも自ら進んで取り組もうとする先生の姿は、子どもたちにとって生きた手本になる。

❹子どもは教師の行動を見ているものである。教師の行動によって、子どもは主体的にも受動的にもなる。

KEY WORD: 休み時間・運動が苦手・親近感

人の話を聴いて自分の意見を言えるような場をつくる

　H小学校のA教諭は新採3年目、講師時代も含めると担任6年目である。今年度は4年2組の学級担任を受け持っている。初めて担任を受け持ったときから、①子どもたちには「人の話を聴いて、自分の言葉で意見を言えるようになってもらいたい」という強い願いがあり、ほとんどの教科などで、話し合い活動を取り入れている。

　6月の半ば、11月の学芸会での出し物を全員で決めることになった。先週までに、㋑合唱、㋺劇、㋩大縄跳び、㋥クイズ、の4つに候補が絞られていたので、今日の学級会で一つに決定することになった。出席番号順で本日の代表者に当たっている4名は、教室の真ん中に椅子を置いて座り、他の20名の子どもたちは、代表者4名をぐるりと囲むようにして席についた。「4名の代表者は㋑～㋥の中から、どの出し物にしたら良いかを話し合ってください。他の人たちは4名の話し合いをよく聞いていてください。最後に多数決で出し物を決定します」と、②学級委員はいつものように皆に説明した。

児童A「劇がいいと思う。学芸会は見てくれる人を楽しませてあげるものでしょ」

児童B「でも劇は準備が大変じゃない。私はクイズのほうがいいと思うな～。準備も簡単だし、喜んでもらえるし……」

児童A「劇だって、簡単なものにすれば、そんなに準備は大変じゃないよ」

児童C「私は全員で協力してできる大縄跳びがいいと思うな。目標の回数を皆の前で宣言して、会場の人にも数を数えてもらうと盛り上がるんじゃない」

児童B「私は縄跳びが苦手だからヤダなあ」

児童C「本番まで縄跳びを練習すれば大丈夫だよ」

児童B「D君は運動とかあまり好きじゃないから、クイズがいいと思っているでしょ？」

児童D「僕は……、僕は……」

児童C「D君は自分の意見がないの？」

児童D「僕は合唱がいいと思う……」

児童A「どうして合唱がいいの？」

児童D「③合唱なら学級の皆が同じように活躍できると思うから……」

「そろそろ時間です。4名の意見を聞いて、多数決で一つに決めたいと思います」と学級委員が話した。多数決の結果、合唱をすることになった。

「今日の代表者4名もそれぞれ自分の言葉で意見を言えました。聞いている人も、しっかりと話し合いを聴いていましたね。学芸会に向けて全員で合唱をがんばりましょう」と、④最後にA教諭が話をした。

解説 話し合い活動では聴くということも重視する

　平成27年6月17日、選挙権年齢を現行の「20歳以上」から「18歳以上」に引き下げることが成立した（公職選挙法改正）。また、次期学習指導要領では、高等学校の現代社会に「公共」（仮称）という科目を設定することになった。この科目の具体的な学習活動は、「模擬選挙」「模擬議会」「ディベート」などが想定され、根拠を踏まえて主張し、他者を説得する力を養うことが教科の目的の一つである。ただし、高校でこのような活動が円滑に進められるためには、当然、中学3年生までに（子どもが）「人の話をしっかり聞いて、自分の意見を言える」ことが求められる。

　本事例は、4名の代表者がそれぞれ自分の意見を述べ、他の子どもたちは「誰の意見に賛成できるか」という視点で話を聴き、最後に多数決を取るという方式である。これは、選挙で立候補者が演説し、誰の考えや公約に賛成かを判断して投票をするという図式と全く同じである。筆者がA教諭に「代表者で自分の意見をうまく言えない子どもは、多数決の票が入らず、その子の自尊感情を下げてしまうのではないか？」と尋ねたところ、「4月の頃はそういうこともあったが、子どもたちの聴き方も進歩してくるので、話し方ではなく、内容で判断するようになっている」とのことである。話し合い活動というと、話すことを重視しがちであるが、人の話をしっかりと聴くということも重視しているA教諭の実践は現行の学習指導要領で重視しているアクティブ・ラーニングの視点がたくさん詰まったものである。その視点を入れた授業が円滑に行われるためには、学級内に「自分の意見を言っても笑われたりせずに、認めてくれる」という雰囲気が前提条件である。本事例は、子どもの自己有用感や主体性をはぐくむとともに、結果として、問題が起きにくい学級をつくることにもつながる好事例である。

ポイント

❶担任教師の願いが教壇に立ったときから一貫しており、実際に、活動を継続しているように、教師には「子どもたちには、どのような姿になってもらいたいのか」という明確なビジョンを持ち続けたい。

❷日頃から、司会役も含めて、子どもに自分の言葉で話をする機会をつくることは、主体的な子どもをはぐくむことにもつながる。

❸話をすることが得意とは言えない児童Dも、自分の言葉で、学級の児童全員のことを考えた意見を述べていることは、地道にこのような活動を継続していることの証である。

❹この時間中、A教諭は最後に初めて話をした。いかに、子どもが活動をする機会をつくるのかというA教諭の想いが伝わってくる。A教諭の学級の子どもたちが、今後、どのように成長していくのかを見てみたい。

KEY WORD：18歳選挙権・話し合い活動・アクティブ・ラーニングの視点

特定の生徒に遠慮しない

　A中学校2年B組の担任であるF教諭は、数学の担当。同校での2年間の講師を経て、今年度から正規採用された。F教諭は物静かな性格であるが、自身の中学校時代に生徒会長として自治的な活動をしてきた経験から、①生徒の主体性を尊重する教師である。生徒間にトラブルが起きたときは、すぐに口をはさむことをせず生徒同士の話し合いで解決させるようにしていた。

　2年B組の学級委員であるK男は、成績が学年トップである。そのうえスポーツ万能。1年生のときから生徒会の役員も務めており、クラスメイトはもちろんのこと先生方も一目置く生徒である。K男は正義感が人一倍強いため、人に迷惑をかける行為には、同学年のみならず3年生に対しても遠慮せずに厳しく指摘する。そのため、各担任や養護教諭などにK男への苦情が数多く寄せられている。しかし、②どの先生方も「K男の言うことが正しいよ。きちんとした行動をすれば、K男に指摘されることはないはず」と答えている。だが、一部の生徒たちからは「あの言い方はひどい」、「皆の前で追いつめすぎだ」、「不登校になった生徒の本当の理由はK男が嫌だかららしい」という声も出ている。

　担任であるF教諭も、K男の行き過ぎた言動に1度だけ注意をしたことがある。その時、K男は「では、僕はもう学級のために何もしないことにします。僕は皆に嫌われても、学級や学校を少しでも良くしたいと思って行動しているつもりです。それを否定されてはどうしようもありません」と反論した。③それ以来、F教諭はK男に2度と注意することがなくなった。

　ある日、K男が教室に急いで戻ろうと廊下を走っていたとき、クラスメイトの女子生徒と出会い頭にぶつかりけがをさせてしまった。K男は女子生徒に謝り、許してもらったのだが、多くのクラスメイトがK男の過失を非難した。

　「廊下を走ってはいけないと言っていたのは君ではないのか」、「普段言っていることと、やっていることが違うじゃないか」、「このことの責任をどうやって取るのかな」

　これまで、K男が他の生徒の過ちを指摘してきた際に同調していた友人たちも、多くのクラスメイトと一緒になってK男を非難していた。K男はクラス内ですっかり孤立状態になってしまい、これまでの発言力も影をひそめてしまった。

　このような状況においても、④F教諭はK男のみならず、学級の生徒に対しても何も言わなかった。

　その数日後から、K男は学校を欠席している。

すべての子どもの居場所をつくることを意識する

本事例では、K男は正義感から少し暴走しているところが読み取れる。K男が頻繁に「怒り」を表出し、クラスメイトや上級生にもぶつけているのは不安の裏返しと見ることもできる。

「自分がいつも正当に評価されていないと不安である」、「いつも競争に負けるのではないかという不安がある」、「自分が頑張っているのに他人は頑張っていないという怒りを常に抱えている」などである。

結局、周囲から一目置かれているK男の居場所は学校内のどこにあったのか。教師には、すべての生徒の居場所をつくる働きかけが第一に求められる。

ポイント

❶生徒の主体性を尊重することは、教育の大きな目標の一つである。ただし、学校教育においては、主体性とともに協調性もはぐくむことが大切である。集団生活における主体性を尊重することを意識したい。

❷一番に考えなくてはならないのはK男の言動が正当か否かよりも、K男の言動によって傷ついている生徒の声を真摯に受け止めて、しっかりとフォローすることである。

❸生徒は教師の言動をよく見ているものである。教師が特定の生徒に遠慮することは、教師がその生徒を全面的にバックアップしていることにもつながる。そのため、学級の生徒間にヒエラルキーをつくることにつながる。

❹担任は学級が進むべき方向を正確に舵取りすべきであり、そのことが、担任のリーダーシップである。担任教師がリーダーシップを発揮することは、生徒の主体性を奪うことにはつながらない。なお、どうしてよいのかわからない場合には、この種の問題になれているベテラン教師や管理職などに相談をするべきである。

KEY WORD
主体性・正義感ある子ども・子どもへの遠慮

★出会った子どもたちとは、生涯のつきあいにもなります。また、子どもたち同士の絆も、生涯を通して継続されることにもなります。これらは、決してお金では買えない教師の財産ですね。

Fujihira Atsushi

第 3 章

生徒指導

～教師の意識と行動を振り返る～

指導か体罰か？

　大規模校のT中学校に赴任したH教諭は、新卒の初任者教員。担当教科は1年生の保健体育で、1年4組の副担任である。H教諭は幼少の頃からサッカーを続けていた。期待されて入学したW大学では、けがのため選手としては活躍できなかったが、①サッカーを通して得たことを子どもたちに伝えたくて教師を志してきた。

　通学区域が広範囲であるT中学校では、約4割の生徒が自転車通学である。校務分掌が生徒指導部のH教諭は毎朝、見通しの悪い交差点で通学指導をしている。
　6月のある朝、3年生の男子3名が向こうから横一列に広がって自転車走行をしてきた。H教諭は「一列になりなさい」と大声で叫んだが反応がない。こちらに近づいて来ても並列走行のままである。道路の中央を走っているE男はiPod（携帯型デジタル音楽プレイヤー）で音楽を聴いている。当然、T中学校ではiPodを学校へ持ち込むことを禁止している。
　H教諭は、再度、大声で注意をするものの反応はない。そこで、②H教諭はすれ違いざまに、「一列になれと言っているだろうが」と並列走行への注意を気づかせようとE男の腕をトントンと2度軽くたたいた。③E男は自転車を止めてH教諭をにらんだ。④H教諭は改めて並列走行に対する注意をして、iPodを一方的に没収した。
　1時間目終了後、E男が職員室のH教諭のところへやって来た。

　E　男「先生、朝の登校時に僕のことを殴りましたよね？」
　H教諭「殴っただって？　並列走行への注意に気づかせようと、腕を軽くたたいただけだろ」
　E　男「たたくことと、殴ることのどこが違うんですか？　とにかく僕は先生から体罰を受けたので謝罪してください」
　H教諭「ふざけるな！　だいたい持ち込み禁止のiPodを聞きながら並列走行をしてよいと思ってんのか？」
　E　男「先生、謝罪してくれないのなら教育委員会に訴えます。覚悟してくださいね」
　H教諭「何？　お前はいったい誰に向かって口をきいているんだ！」

ボディタッチには気をつける

　文部科学省は大阪市での体罰事件を踏まえて「体罰禁止の徹底及び体罰に係る実態把握について（依頼）」の通知を発出した（平成25年1月23日）。教師には学校教育法第11条において、懲戒権が認められているが、体罰は明確に禁止されている。そのため、いかなる場合においても体罰を正当化することはできない。実際に手を出さなくても、威圧感を与えることも広い意味での体罰であるとも考えられる。どちらにしても、生徒の身体にはむやみに手を出してはいけないということをシンプルに考えたい。

　さて、本事例において、H教諭とE男の会話がこのような流れになったことには、次の3点が考えられる。

①H教諭とE男には普段から接点がない。
②E男はH教諭にiPodを一方的に没収された。
③職員室でのE男の発言に対して、H教諭は少し感情的になっている。

　普段から接点がないために指導を控えろということではない。しかし、顔見知りでない人からいきなり身体に触れられれば、誰でも嫌悪感を抱くだろう。教師と生徒の関係であっても、人対人が前提にある。本事例の場合、両手を広げて自転車を止めるなど、方法はいくらでも考えられる。「生徒は教師の言うことに素直に従うべき」だという思い込みは、自身の指導レベルの向上に結びつかない。もちろん教師であっても、生徒の言動に腹立たしく思うこともあるだろう。しかし、感情的になって、生徒と同じレベルのやりとりをすることはプロの教師として恥ずべきことである。

　生徒は教師が信用できる人かどうかをすぐに見抜くものである。

KEY WORD
通学指導・体罰・威圧感

ポイント

❶自身が経験してきたことを子どもに伝えることは、説得力がある。その際、その経験によって、「何が」、「どう変わったのか」をシンプルに伝えられるようにしたい。

❷この状況では、すれ違いざまではなく、それ以前に、自転車を静止した状態にする必要がある。すれ違いざまに手を出すことは、転倒事故につながる可能性も少なくない。

❸E男は自転車を止めたのだから、この時に、並列走行と音楽を聞きながらの走行が危険であることを注意すべきである。子どもが理解するように工夫をしないと、翌日も同じ行動をする可能性が少なくないと思われる。

❹iPodを学校へ持ち込むことを禁止しているのであれば、このことを大義名分として、iPodを差し出させるようにすべきではないだろうか。

事例 33 子どもが質問しやすい振る舞いをする

　Q中学校に初任者として赴任したA教諭は、2学年の副担任。教科は数学で、他校で2年間の講師経験がある。A教諭は生真面目な性格で、特に授業に対しては「生徒は予習をしてから臨むべき」という強い信念を持っていた。そのため、4月当初の授業から、「予習の大切さ」を繰り返し生徒に伝えてきた。
　1学期末考査前のある日、A教諭が担当している2年生のB子が、他学年の数学を担当しているC教諭のところに質問しに来た。

B　子「C先生ありがとうございました。よくわかりました」
C教諭「どういたしまして。でもさ、担当のA先生に質問すればいいのに……」
B　子「うーん……そうなんですけどねぇ～。A先生が怖いんですよ～」
C教諭「怖い？ A先生は怒鳴ったり、殴ったりする雰囲気ではないけどなあ……」
B　子「普段はそうなんですけど。発言の答えが間違っていたりすると怒るんですよ」
C教諭「そうなの？」
B　子「ちょっとした間違いでも、①『こんなこともわからないのか？』、『予習はちゃんとしてきたの？』って、怒った口調になるんです」
C教諭「毎回そうなの？」
B　子「はい。それに誰かが質問すると『どこ？』、『もう一度言って』とか言うんだけど、②その時の目が三角になっていて、ドキッとしちゃうんです。一応説明はしてくれるんですけど、さっきと同じなのでわからなくて……。それで、それ以上質問するのは怖くなって、みんな『わかりました』って言って終わりにしてしまうんです。最近では、③誰も質問しないというか……できないんです」
C教諭「でも、わからないことをわからないままにすることはよくないよね」
B　子「……」
C教諭「じゃあ、今度、僕からA先生にそれとなく話をしてみるよ」
B　子「それだけはやめてください！ ④もし私が告げ口をしたことがA先生に知れたら、私の成績が悪くされてしまうかもしれないので……」
C教諭「それで成績が悪くなることはないよ。それに何の解決にもならないじゃないか」
B　子「……」

　B子はその場で泣き出してしまった。

解説 **教室は間違えてもよいところ**

KEY WORD

子どもからの評判・質問・非言語

本事例でのＢ子の話からは、次の３つのことが考えられる。
①Ａ教諭は生徒に予習を徹底させるために、意図的にそのような態度をとっている。
②Ａ教諭は、本心は違うけど、表情や口調から怒っているように見られている。
③Ｂ子のみがＡ教諭の表情と口調に対して過敏に反応している。

Ａ教諭が「生徒は予習をしてから授業に臨むべき」という信念を持つことは悪いことではない。むしろ、生徒のあるべき姿を示している。ただし、もし、①のとおり、Ａ教諭の頭の中に、「予習をしてくることになっているのだから、理解できて当たり前」という考えが少しでもあるとしたら、その考えは改めるべきではないだろうか。生徒が理解できていないということは、教師が教えることができていないということである。

また、②であるとしたら、教師としてはマイナスである。なぜなら、コミュニケーションで伝わる内容が、非言語的内容（表情、口調、態度など）が 70％以上であるという調査結果からすると、生徒に伝えたいことを正しく伝えられていないということになる。

仮に③であり、「Ｂ子に問題があって、自分は間違っていない」などと、生徒のせいにしてしまったとしたら、教師という職業は成り立たなくなってしまう。様々な性格の生徒がいる教室で授業をするためには、一人一人の生徒の理解度や性格などを把握することは、教師として当然の義務である。教師は生徒に勉強をやらせるのではなく、生徒の学習意欲を高めることが求められている。このことは、教育活動の本質の部分である。

教師は非言語的な内容も含めた自身の振る舞いを、随時、確認することが必要である。

ポイント

❶良い意味でも、悪い意味でも教師の言動は生徒に強い影響を及ぼす。常に「学校は子どもが中心である」と意識することは、（良い）言動に表れるものである。

❷コミュニケーションで伝わる内容は非言語的な内容が 70％と言われている。教師は言葉と同じメッセージを態度でも伝える必要があることを意識しておきたい。

❸学校における授業の目的は、生徒が内容を理解することはもちろんだが、生徒が自ら進んで学ぶ意欲をはぐくむことである。教師には生徒が発言しやすい環境づくりが欠かせない。

❹教師と生徒との関係は評価する者と評価される者である。生徒に余計な不安感を与えないためにも、教師は常に（自分の）言動について振り返りをしたい。

教師の役割を意識する

　新任のK教諭(男性)は4月に大学を卒業したばかり。赴任したT中学校では、1年2組の副担任で、1学年の国語科を担当している。
　①赴任前にK教諭は「自分のセールスポイントは年齢が子どもに近いこと」であると考え、子どもの目線に立って、友達のように接することを第一に考えた。
　T中学校は学年4クラスの中規模校であり、明るく活発な子どもが多い。
　K教諭は4月当初より、「○○ちゃん」や「△△～」などと、子どもをファーストネームで呼名している。休み時間や清掃の時間などにも、子どもの興味を引くような、芸能界のアイドル、スポーツ選手、漫画や恋愛のことなどについて積極的に対話をしていた。
　子どもたちもK教諭に対して、親しみを持って「Kちゃん」や「Kっちー」などと、ニックネームで呼ぶようになっていた。
　5月の連休後、学校生活にも慣れてきたこともあり、1学年の国語の授業中は落ち着きが見られない。そのような頃、K教諭は授業中に漫画を読んでいたA男に注意した。A男は「ハイ、ハイ」と返事をするものの、注意を聞き入れない。少し、大きな声で注意をすると、他の子どもが「先生が薦めた漫画じゃないか」、「そうだ、そうだ」と同調する拍手も起こり、「今日は気分が乗らないから、授業の代わりに恋愛についての話をしてよ～」、「先生～、昨日○○のテレビ番組見た～」などという声が次々に飛んだ。
　そんな時、真面目でおとなしい一人の女子生徒が「先生、気分が悪いので保健室に行きます」と教科書を持って教室から出て行った。
　この日を境に、K教諭の授業は常に私語が多く、授業が成立しなくなっていった。授業を心配する複数の保護者の声も学校に寄せられた。
　K教諭は毎晩「教師の仕事とは何か」を自問自答した。そして、②落ち着いた学習環境を築いている先輩教師の授業を見せてもらうことにした。
　それからのK教諭は毎朝、洗面台の前で歯を磨き、ひげを剃り、ネクタイを締めて、その場で教師に変身することにした。そして、「よし、今日も教師として頑張るぞ」と決意を抱いて自宅を出るようになった。
　③子どもへは、「皆と早く人間関係を築きたいと考えていたが、私の言葉使いは教師としては間違っていた」、「もう1度、皆で言葉の使い方を考えなおそう」、「授業中の具体的なルールを改めて示したい」と話をした。
　④子どもとの対話の内容も、「社会の出来事」や「今、授業で行っていることは将来どのように役に立つのか」などを、意識的にするようにした。
　徐々にではあるが、授業中の私語が減り、国語の授業中になると、保健室に通っていた女子生徒も教室内にいるようになった。

教師に変身

KEY WORD

教師の振る舞い・子どもとの距離感・学習環境

「教師は教師である前に一人の人間として、丸裸になって生徒の前に立つべきだ」という声を耳にすることがある。もちろん、教師は一人の人間として、生徒に対して誠実に、また、生徒が相談しやすいように接することが大切である。

しかし、学校という場では、教師と生徒は友達ではない。物事を教える立場にある教師は教師としての役割を演じ、教わる側の生徒も生徒としての役割を演じるからこそ、授業が成立するのである。K教諭は途中から、「教師」という職業を強く意識するようになった。

近年、「教師力」、「教師の資質向上」などについての議論が繰り返されている。もちろん、教師には「豊かな人間性」が基盤にあることは言うまでもない。しかし、プロの教師に必要な力とは、まず第一に「職務遂行能力」ではないだろうか。

ポイント

❶教師が客観的に自分のセールスポイントを考えることはよいことである。自分のことを客観的に見られる教師は、子どもへの働きかけにも無理がなくなると思われる。年齢が子どもたちに近いということは、それだけ、子どもたちのことを理解しやすいということである。

❷先輩や同僚など、他の教師の授業を参観することは必要なことである。その際、教師の振る舞いや授業の進め方とともに、子どもの表情や行動の変化を観ることが何よりも大切である。つまり、教師の働きかけが子どもに伝わっているかどうかを観ることが大切なのである。

❸教師も人間である。失言や間違い、また、失敗をすることもある。しかし、大切なことは、間違いに気がついたら、それを子どもたちに正直に言って、訂正できるかどうかである。このように、正直に言える教師は、きっと、子どもや保護者から信頼されると思われる。

❹子どもたちよりも先に生まれて、生きてきている教師が、自分の経験を踏まえて、「今、授業で行っていることは将来どのように役に立つのか」などを伝えることは、子どもたちに対して説得力がある。また、教育の目的が「社会的自立」のため、小学校低学年段階から、子どもたちに「社会」を意識させることは、とても重要なことである。

事例35 子どもが夢中になれることを提供する

　新卒２年目のＳ教諭はＪ中学校２年Ｂ組の担任。２学期に入り、クラスのＴ子の遅刻や欠席が目立つようになった。遅刻については、回数とともに、登校する時間帯も遅くなっている。①Ｔ子は明るく真面目な生徒であるが、友人関係のトラブルにより、１年生時にバレーボール部を退部している。

　Ｔ子は今春から学習塾に通うようになったため、携帯電話を所有するようになった。Ｔ子は学校へ携帯電話を持ち込むことはしないが、自宅では、ほとんどの時間を携帯ゲームやメール、また、インターネットでのサイトを閲覧ばかりしているようである。特に夏休みには、昼夜逆転の生活が見られ、両親が再三注意をするもののほとんど改善が見られなかったという。

　Ｔ子は授業中もウトウトと居眠りをするなどと、授業に集中できないでいる。②他の教科担当者から、そのことを伝え聞いたＳ教諭も何度か注意をしている。

　11月の三者面談時に、③Ｓ教諭はＴ子と母親に携帯電話における「フィルタリングの使用」と「使用時間など、家庭でのルール」を決めることを提案した。しかし、その後もＴ子の生活状況に変化は見られず、成績も急降下している。そのため、母親が再度、来校し、「学校でも携帯電話の利用についてもっと指導をしてほしい」と訴える。同席した学年主任は「Ｔ子さんは携帯電話を学校に持ち込んではいませんし、学校としてもインターネットの有害情報に関する講習会も行っています。後は家庭での生活の問題ではないでしょうか」と伝えた。

　その日から、④Ｓ教諭は「担任としてＴ子に何ができるのだろうか」と自問自答を繰り返すが、明確な答えを見つけることができない。

　そんなある日、Ｔ子の小学校時代の友人が「ソフトボール部の試合があるけど、メンバーが足りないので、助っ人として出てほしい」とＴ子に頼んだ。運動好きなＴ子は喜んで引き受けた。試合に出場したＴ子は初心者にもかかわらず、ヒットを１本打った。試合には負けてしまったが、ソフトボールの楽しさを実感できたＴ子はそのまま正式にソフトボール部に入部した。それからのＴ子は部活動に夢中になり、毎日、他の部員といっしょに一生懸命に活動をしている。

　自宅でも携帯電話への依存が解消され、生活習慣も改善されるようになった。そして、日常の授業でも、積極的に取り組むようになり、充実した学校生活を送っている。

解説 子どもと保護者の話に耳を傾ける

KEY WORD

携帯依存・生活習慣・家庭との連携

　携帯電話の問題については、現在、ほとんどの公立中学校で、「フィルタリングの使用」や「携帯電話の所持や使用についてのルール」を明示していることと思われる。しかし、問題は生徒が携帯電話に依存をしていることではないだろうか。

　確かに、生徒は保護者名義で携帯電話を購入しているため、携帯電話の使用については家庭の責任でもある。それゆえ、本事例における学年主任の発言は間違ってはいない。しかし、一人一人の生徒の成長にかかわることについては、その内容によって、学校と家庭のどちらか一方のみの責任ということではなく、お互いに協力すべきである。

　例えば、本事例では、T子の母親の訴えに対して、学校側が「いっしょになって考えましょう」という姿勢を示すべきだろう。

　また、S教諭は担任としてT子に何もできないもどかしさを感じているが、まずは、T子の話にしっかりと耳を傾けるべきである。そのような働きかけをすることなしに、次へのステップは望めない。

　T子はソフトボールに夢中になったことで、結果的に携帯電話への依存を解消することができた。このことから、学校や教師は生徒が携帯電話以上に夢中になれるものを提供することが効果的であると言える。具体的には、日常の授業においては、常に生徒にとって興味深い教材を工夫したり、生徒自らが課題を見つけて、話し合いができる機会をつくるなどである。このように、生徒の主体性をはぐくむ働きかけは、教壇に立つ教師には、今後ますます求められていることである。

ポイント

❶友人関係のトラブルにより部活動を退部する生徒は少なくない。担任は生徒の日々の状況を把握し、多少のトラブルでも早期に対応するという意識を持ちたい。

❷S教諭は自分のクラスの生徒の問題としてT子に注意するだけでなく、T子の状況を学年の問題として、学年の先生方に相談をしながら対応することが求められる。

❸家庭でのルールを決めることを提案するのみではなく、T子と保護者の話に誠実に耳を傾けて、どうしたら改善できるのかを三者で話し合うとともに、面談後も継続して連絡を取り合うことも大切である。

❹S教諭に限らず、担任として自問自答を繰り返すが、明確な答えを見つけることができないでいる教師は少なくない。大切なことは担任一人の問題としないことである。まずは、経験豊かな先輩教師や同僚教師に相談することは、結果的にT子のためになることである。

事例36 子どもには質問形式で声かけをする

　G教諭はO中学校に初任者として着任した。校内事情により、1年目から2年2組の担任を担うことになった。①初めての担任で戸惑うことの多い毎日ではあるが、クラスの生徒が話しかけて来たときには必ず笑顔で接することを心掛けていた。

　5月中旬のある日、2年2組の保健体育を担当している教師から、「（2組の）A子が友人関係で悩みがあると相談に来た」との報告を受けた。また、同時期に学年主任から（2組の）B男の母親から学習状況について相談がある旨の電話があったことを聞かされた。②G教諭は生徒が最初に自分のところへ相談に来なかったことから、自分の力のなさを痛感する。

　そこで、翌朝の短学活のときに「自分はまだ力がないけれど、何か困ったことがあれば何でも相談に来てほしい」と生徒全員に話をした。

　その後も、（学級の）生徒に関する話は学年を越えた教師から聞かされることが多い。G教諭はすっかり自信をなくし、「自分は教師には向いていないのではないか」と考え始める。毎朝、自分のクラスである2年2組の教室に行く足どりも重い。そのような状況のため、生徒の前でも笑顔がなくなり、声も小さくなる。生徒からも「先生、最近元気がないよ。何か心配事があるのなら、話を聞くよ」と言われる始末。G教諭はますます自信がなくなる。

　そんな時、同じ学年団のベテラン教師から「生徒へ声かけをすることは、生徒が教師に話ができるチャンスにもなるんだよ」とアドバイスを受ける。

　翌日から、③G教諭はあらゆる機会を捉らえて、生徒が話をしやすいように質問形式で声かけをするようにした。具体的には、「最近、うれしそうだけど何かよいことがあったの？」、「部活動では調子がよいと聞いているけど、何かきっかけをつかんだの？」などである。このような声かけを継続していると、「先生、今、少し気になっていることがあるの」などと、少しずつ自分の心の内を話してくれる生徒が増えてきた。生徒の話を聞くことで、生徒の新たな一面を知ることができ、G教諭はこれまでとは違ったアドバイスや働きかけができるようになった。

　④2学期の半ばには、G教諭に相談をする保護者も増加してきた。

解説　教師の働きかけには意図を持つ

KEY WORD

チャンス相談・質問形式での声かけ・意図的

　初めは担任をしている生徒が自分に相談に来ないことを悲観していたG教諭の気持ちはとても理解できる。しかし、様々な教師に相談できるO中学校は生徒にとっては、とても良い環境であり、担任教師の抱え込みを生まないことにもつながる。

　G教諭は生徒に「自分はまだ力がないけれど、何か困ったことがあれば何でも相談に来てほしい」と話した。自分が初任者であることから遠慮がちな働きかけが気になる。教壇にいる教師が初任者であろうとベテランであろうと、生徒にとっては一人の教師であることに変わりがないことを自覚すべきである。

　生徒への声かけは「生徒にとっては教師への『チャンス相談』」になるというベテラン教師のアドバイスにより、G教諭の声かけが意図を持つようになった。このことが生徒の心を開くことにつながったのである。

　教師の働きかけには、（生徒の）「何をするために」という意図を持つことが大切であることが本事例からも確認できる。

　また、初任者教員は先輩教師には謙虚に教えてもらうという姿勢を持つことが成長への早道であることも確認できる。

ポイント

❶「生徒が話しかけて来たときには必ず笑顔で接する」……このことは、教師と生徒のみならずコミュニケーションの基本である。生徒は教師の表情に敏感であり、教師の表情が明るければ、生徒が話しやすいのは当然のことである。

❷このことが、教師の抱え込みを生み出している要因の一つである。一人の生徒を学年や学校全体の（大勢の）教員で観るということは、多角的な視点で生徒をより理解することにもつながることである。

❸「生徒が質問しやすいように」という意図を持って働きかけをすることは、とても大切なことである。また、質問形式で声かけをしていることは、生徒との会話も途切れにくく、円滑になると考えられるため、参考になる働きかけである。

❹生徒との関係が良好であると、保護者との関係も良好になる場合が多いだろう。逆にいうと、保護者との関係が良好であると、生徒との関係も良くなるケースが多いと考えられる。保護者への電話連絡も質問形式を少し取り入れるとよいかもしれない。

事例37 いじめのとらえ方を正しく理解する

　S教諭は初任者教員としてK中学校に着任した。学級担任は持たないが、副担任として1学年に配属された。教科は社会科、部活動は女子ソフトテニス部(副顧問)を担当することになった。

　1学期間は日々の授業や生徒への対応、教材研究、初任者研修でのレポートなどに追われて、とても忙しい毎日であった。①しかし、放課後には必ずテニスコートで生徒とともに汗を流していた。

　仕事にも慣れ、精神的にも余裕が出てきた9月のある日、ソフトテニス部員で1年2組のA子の母親から「娘が同学年の部員たちから意図的に孤立させられている。何とかしてほしい」という相談があった。

　この件については、副顧問であるS教諭が対応することになった。②S教諭は事実確認のために、一人一人の1年生部員から話を聞こうとした。すると、③主顧問でベテランのI教諭は、「部員同士の人間関係トラブルは本人たちで解決させなさい。そんなことはどこにでもあるのだから、大騒ぎすることはない」と実態把握に否定的であった。④S教諭は「それでいいのだろうか？」と自問しつつも、初任者である立場からI教諭の意見に従った。

　3週間後、A子の母親から「娘へのいじめが日に日にエスカレートしている。早急に何とかしてほしい」と再度の相談があった。S教諭はI教諭に電話を代わってもらった。I教諭は「お母さん。ミーティングで部員全員に聞いたところ、皆、いじめなどしていないと言っています。もう少し様子を見ましょう」と言って電話を切った。

　その後、A子はストレスから偏頭痛を繰り返すなど体調を崩したこともあり、ソフトテニス部を退部した。

　A子が退部した後、一人の部員が「助けてあげられなくてごめんね。A子を孤立させようという指示があり、一人ではどうすることもできなかったの」と泣きながら、A子へ電話をしてきた。

解説　正直者が馬鹿をみる場所にはしない

KEY WORD
いじめ・保護者の相談・先輩教師

『いじめ防止対策推進法』では、いじめを「児童生徒に対して、当該児童生徒が在籍する学校に在籍している等当該児童生徒と一定の人的関係にある他の児童生徒が行う心理的又は物理的な影響を与える行為（インターネットを通じて行われるものを含む。）であって、当該行為の対象となった児童生徒が心身の苦痛を感じているもの」と定義づけられている。「心理的又は物理的な影響を与える行為」とは、「仲間はずれ」や「集団による無視」など、心理的な圧迫などで相手に苦痛を与えるものを含むとされている。

いじめは、大人の目に見えないところで行われるという特徴があり、いじめを苦にした子どもが、自らの命を絶つという事件が後を立たないことから、『いじめ防止対策推進法』が制定されたのである。

本事例では、ベテランのＩ教諭はいじめの判断を自分勝手にしている。それ以前に、Ａ子の保護者が何度も相談しているにもかかわらず、１ヶ月間近くもほったらかしにしていることは、公務員の服務規程に違反していることである。

いじめの場合、ミーティングなどの場で、全員にいじめの事実があったかどうかなどの確認は実態把握にならないことぐらい、子どもでもわかることである。

Ｓ教諭は初任者である立場から実態把握をすることをやめている。先輩教員の意見がいつも正しいとは限らない。念のため、管理職や主任クラスの教員にも相談すべきである。

学校は、正直者が馬鹿を見るような場所であっては、決していけない。

ポイント

❶忙しくても、たったの数分間でも部活動の場所に顔を出すという姿勢はとても大切なことである。生徒も教師の多忙さは理解している。時間を見つけて、自分たちのことを観ようとしてくれている教師の姿勢は、生徒の心に必ず届くと考える。

❷一人一人の部員から話を聞くことの前に、Ａ子の話をしっかりと聴くことを怠ってはならない。また、部活動のみの問題ではなく、担任教師や学年主任にも必ず報告・相談をしたい。

❸このように考える教師は少なくない。「そんなことはどこにでもある」という状態が普通であってはいけないのではないか。いずれにしても、子どもや保護者が困っていると訴えているのだから、真摯に対応することは教師として当然のことではないか。

❹先輩のＩ教諭の意見のみで行動するのではなく、念のため、担任教師や学年主任、先輩教師にも報告すべきである。報告は、Ａ子への適切な対応に結びつくことである。

事例38 子どもが発言する機会を意図的につくる

　大学院で数学を専攻していたT教諭はJ高等学校へ初任者教員として着任した。授業は1学年全クラスの「数学Ⅰ」を担当している。

　生徒は数学の好きな者と嫌いな者が大きく二極化しており、4月当初より、居眠りをしている生徒が毎時間数名いる。T教諭は授業中の居眠りに対して注意をするものの、①少しでも生徒が興味を持てるような授業をしようと、日々、教材研究に力を入れていた。そのせいもあり、T教諭が「今日の授業はうまく進められた」と思える日が増えていった。

　ただし、授業中に居眠りをしている生徒がいることに変わりはなく、しかも、数学が嫌いでない生徒も居眠りをするようになってきた。各担任教師からも「数学の時間が退屈だと言う生徒の声が多く聞かれます」と伝えられる。そこで、T教諭はさらに教材研究に時間をかけるようにした。

　②そのことにより、ほとんどの時間で、自分自身でも驚くほど「完璧な授業ができた」と思えるようになった。

　しかしながら、生徒は居眠りをするばかりでなく、他教科の教科書を出して勉強している姿も見られるようになった。T教諭はすっかり自信をなくしてしまった。

　T教諭の苦悩を知った教頭先生が、「国語科のF先生の授業を見ると参考になるよ」と助言をした。T教諭は「なぜ、国語の授業を観なければいけないのか」と内心では思いつつも、F教諭に頼んで「国語Ⅰ」の授業を参観させてもらった。

　驚いたことに、F教諭の授業では、居眠りをしている生徒が一人もいないだけでなく、ほとんどの生徒が、まるで小学校の低学年児童のように、積極的に発言や発表をしていた。そして、③何よりも生徒が楽しそうであった。

　授業後、T教諭は「なぜ、生徒が積極的に発言をするようになるのでしょうか」と尋ねた。「それは、生徒に発言の機会を与えているからだよ」とF教諭は答えた。

　翌日から、④T教諭は生徒に発言をする機会を意図的につくるようにした。徐々にではあるが、居眠りをする生徒が減少し、休み時間などに授業の内容について質問をしてくる生徒が増えていった。

解説 ▶▶ 生徒を受け身にしない

KEY WORD
教材研究・学ぶ意欲・主体的

　T教諭は大学院で数学を専攻していたことからも、数学に関するたくさんの知識を持っていることと思われる。しかし、そのことにより、必ずしも生徒が数学をわかるようになるとは限らない。教師には生徒が理解しやすいように、わかりやすく教えるための教材研究が必要なのである。

　「教育基本法第6条（学校教育）第2号」の文中に、「教育を受ける者が、学校生活を営む上で必要な規律を重んずるとともに、自ら進んで学習に取り組む意欲を高めることを重視して行われなければならない」とある。このことからも、教師は生徒が主体的に学ぶ意欲を高める働きかけをしなければならない。この働きかけは、たとえ授業の場面であっても、生徒指導が本来目指していることと合致する。学校は生徒に勉強を教える場であるが、ただ単に生徒がテストで点数を取れるようにするための場ではない。主体的に学ぶ意欲も含めて、すべての生徒の全人格的人間形成の場であることを忘れてはならない。

　本事例で、教頭先生が助言をしているように、授業中の生徒への働きかけ方などは、他教科の授業であっても参考にできる。F教諭の「(生徒が積極的に発言をするようにするためには、)生徒に発言の機会を与えること」という助言は、とてもシンプルで説得力がある。

　生徒が主体的に学ぶ意欲をはぐくむためには、生徒を受け身にしないことである。

ポイント

❶生徒が授業に興味を持てるように教材研究をすることは、教師としてあるべき姿である。大学を卒業している教師は、高等学校の教科書の内容についての知識はあるはずである。その内容を生徒に興味深く、かつ、わかりやすく教えるために教材研究をするのである。

❷教師自身が「完璧な授業ができた」と思っても、必ずしも、生徒が理解できたとは限らない。たとえ教師の語りがうまくなくても、生徒へ丁寧に、繰り返し伝えようとすることにより、生徒にとっては「わかりやすい授業」である場合もある。大切なことは、「誰のための授業か」ということである。

❸シンプルであるが、「授業が楽しい」、「学校が楽しい」と生徒が感じるように働きかけることが、教師としてまず第一に考えなければならないことである。

❹発言や発表にかかわらず、教師は意図的に働きかけることが重要である。どんな働きかけでも、そこに意図がなければ、生徒を伸ばすことはできない。

事例 39

保護者が求めていることを常に意識する

　S小学校に初任者教員として赴任したG教諭は5年2組の担任をしている。3月に大学を卒業したばかりのG教諭は、学生時代に学習塾での講師経験もあり、子どもへの接し方については、4月当初からF教頭も太鼓判を押すほどであった。①G教諭は、子どもからも慕われており、授業にも、学級経営にも大変一生懸命に取り組んでいる。

　しかし、5月下旬に行われたPTA総会後の懇親会で、F教頭はG教諭への不満を保護者から聞いた。

　保護者「教頭先生、この前の三者面談なんですけどね……」
　F教頭「ああ、雨天の日にお越しいただきましたね。お疲れさまでした。どうかされましたか？」
　保護者「担任のG先生のことなんですけどね……」
　F教頭「何か失礼なことでもありましたか？」
　保護者「いえいえ、G先生はとても教育熱心な方だと思います。でもね、教頭先生、私、何も言えなかったんですよ」
　F教頭「何も言えなかった？」
　保護者「はい、席に着くと、②G先生はすぐに息子の学校生活の様子や学級運営方針などについて一方的に話し始めて、息つく間もないくらいでした。それで、20分くらい話し続けて、③『では、次の方が待っていますので、これで……』ですよ。私も息子も一言も話せませんでした。④パートの仕事を半日休んで、急いで駆けつけてきたのに……、何だかなあって感じでした」
　F教頭「……」

解説　保護者の話を聞くことが面談

KEY WORD
三者面談・保護者の不満・コミュニケーション

本事例では、次の2つのポイントを明らかにしておきたい。
①「保護者の不満は何か？」（F教頭に何を訴えたかったのか？）
②「なぜ、G教諭は一方的に話をして終わりにしてしまったのか？」

小学校のみならず、保護者会や三者面談などに対して、多少なりとも不満を抱いている保護者は少なくない。具体的には「一般的な話ばかりで、うちの子には直接関係ない」、「（保護者会で）誰かの質問に答えたり具体例を挙げたとしても、個別的すぎる」などである。このことは、小学校でも地域によっては、年々、保護者会への参加率が減少したり、参加したとしてもアンケートの回答に協力せずに帰宅される保護者が増加していることと無関係ではないと思われる。つまり、保護者からすると「無意味」や「時間の無駄」などが、①の答えであると考えられる。この課題を解決するには、「質問を多用する」という方法がある。例えば、「今、気になっていることは何でしょうか？」「（お子様のことで）特に話を聞きたいことはありますか？」などの質問から始めることである。ただし、学級担任にしてみれば、「限られた時間の中で（保護者に）伝えなくてはならないことがたくさんありすぎる」という②の答えにあてはまる悩みがあることだろう。それに対しては、「伝えるべきことはプリントにして（面談の）待ち時間に読んでもらう」「事前に『学級だより』などで知らせておく」のはどうであろうか。このようにすることで、保護者は関心のあることのみを質問してくれるので、（面談の）時間の節約にも結びつくと考えられる。

「保護者に伝達することが面談」ではなく、「保護者の質問や相談を聞くことが面談」ととらえることが大切である。教師と保護者のみならず、コミュニケーションを円滑に進めていくには、相手が求めていることを常に意識することが大切である。これは、今後、子どもに最も身につけさせたい力の一つである。教師自らが、この力量を向上させることが、子どものコミュニケーション力を向上させることになるだろう。

ポイント

❶教師への評価指標の一つは子どもの状況である。4月の時点で子どもから慕われるということは、G教諭も子どものことが好きであると思われる。子どものことが好きであることは教師としての何よりの資質である。

❷面談については、学校全体で「必ず伝えなければならないこと」が決められている場合が一般的である。また、時間が限られていることも理解できる。しかし、面談の意義や必要性を学校全体で改めて考えたい。

❸面談の主役は誰なのかを、担任は意識したい。また、時間が20分での面談では形式的なものになってしまうだろう。面談の時間やスケジュールなどについても、学校全体で意義も踏まえて、改めて考えたい。

❹当たり前のことではあるが、学校経営も学級運営も子どもがいなければできない。たとえ子どもがいたとしても、保護者の協力があるからこそできることである。

事例 40

安全な部活動を常に意識する

　U高等学校に初任者として赴任した国語科のI教諭はとても勤勉な性格である。U高校の野球部は、前任校で甲子園出場を果たしているA教諭の指導のもと、毎年、県大会で上位進出を果たしている。

　I教諭は運動部に所属した経験はないが、野球を見ることが大好きであることから、野球部の副顧問を引き受けることになった。

　①I教諭は着任早々の4月から放課後の練習はもちろん、毎朝6時30分からの朝練習や土日の練習にもすべてグラウンドに立っていた。平日の放課後は、学年主任でもある正顧問のA教諭は校務で忙しく、グラウンドに行くことができない。そのため、練習メニューはA教諭が用意してはいるものの、グラウンドでの指導的立場はI教諭のみであった。

　ただし、②I教諭はノックをしたこともなければ、キャッチボールもうまくできないため、練習では、ただ練習を観ているだけであった。

　1学期の中間考査も終了し、夏の大会を目指して練習が本格化してきた6月、I教諭は徐々に練習を観ているだけが苦痛になってきた。

　③「なぜ、休日も朝から夜までグラウンドに立っていなくてはならないのか」、「国語の教材研究も遅れているし……」などと、日増しにイライラした精神状態になってきた。そのため、何かと口実をつくっては、グラウンドから職員室に戻り、教材研究をするようになった。

　地区予選会直前の7月の蒸し暑い放課後、練習中の生徒たちに緊張感が見られない。I教諭は全員を集めて、「こんなにダラダラと練習をしていては、甲子園なんて行くことができないぞ」と注意をした。すると、複数の3年生部員が「クスッ」と笑った。I教諭は「顧問を馬鹿にするのなら、私は練習を観ない。君たちだけで勝手に練習しろ」と言って、職員室に戻ってしまった。

　④その直後、打球が1年生部員の後頭部に命中し、彼はその場で倒れ込み、すぐに救急車で搬送された。

解説　その場に居ることが仕事

KEY WORD

部活動・技術指導・反面教師

　教育課程上に位置づけられていない部活動ではあるが、生徒が興味・関心のあることを自ら進んで行う部活動の教育的価値はとても大きい。I教諭は「技術指導ができない」ことが負い目であり、徐々にグラウンドに居ることが苦痛になってきた。それは、生徒に注意をしたときに、「一部の生徒が笑ったことは、技術指導ができない自分を馬鹿にしたからだ」と感じ、それを理由に職員室へ戻ってしまったことからも明らかである。ただし、生徒も常に口実をつけて職員室へ戻っていくI教諭の姿勢に反面教師を感じるのは当然であり、I教諭がたまにもっともらしいことを口にしても生徒には逆効果である。

　部活動顧問の役割は、①（生徒が）「安全に活動できる」、②（生徒が）「自ら進んで活動できる」、③（生徒が）「皆と協力して活動できる」ように働きかけることである。

　①については、部活動に限ったことではない。学校内で、生徒にけがをさせることほど、管理能力に欠けていると見なされることはない。その意味から、生徒に「君たちだけで勝手に練習しろ」と言って職員室に戻ってはいけないことになる。極端な言い方をすれば、その場に居ることが部活動顧問の仕事でもある。ただし、ただ単に居るだけではなく、（生徒の状況を）よく観ることが大切である。「昨日よりも今日」と、生徒の小さな進歩や変化に気づいてあげられるのは顧問が常に観ているからである。たとえ技術指導ができなくても、いつもいっしょに居て助言をしてくれる教師を信頼しない生徒はいない。ほんの少しずつでも、生徒が進歩することは教師にとって喜びでもあり、その瞬間に立ち会い、関われる教師という職業は本当に素晴らしい。

ポイント

❶半ば強制的に部活動の顧問を担当し、平日の放課後だけでなく、土日も出勤して部活動の指導や引率にあたる現状を「ブラックな環境」であるという声も聞かれる。しかし、部活動を通して生徒と触れ合うことも大切なことの一つであろう。

❷プレーをするのは、あくまでも生徒であり、生徒が安全・安心して練習ができる環境づくりが顧問の仕事であることを再確認したい。

❸教師側の都合のみでイライラした精神状態になっていることであり、生徒に罪はないことである。ただ単にグラウンドに立っているだけではなくて、一人一人の生徒の変化をメモするなど、その競技についての知識がなくてもできることはたくさんある。

❹部活動での事故は、えてして、教師（顧問）がその場にいないときに起こることが少なくない。顧問は安全面に関する管理者であるという意識を強く持ちたい。

40　安全な部活動を常に意識する

学校はチームで仕事をする場所

　G高等学校に初任者教員として着任したH教諭は、大学を卒業したばかり。H教諭は大学入学直後より教員採用試験のための勉強をするとともに、①現職の先生に交じって「生徒理解」や「教育相談」など、生徒指導関連の研究会にも定期的に参加をしていた。教壇に立つようになってからも、積極的にそれらの研究会に参加し、時には片道4時間もかけることもあった。そんな真面目で一途な性格のH教諭は、生徒からも大変慕われていた。

　9月のある放課後、H教諭は1年生の女子生徒から相談を持ちかけられた。

生　徒「担任のI先生が私たち生徒の意見を尊重してくれないので、クラスの皆が困っているんです」

H教諭「詳しく話してくれる？」

生　徒「先週、クラスで席替えをしたのですが、I先生が一方的に決めてしまうんです。私たちは、せめてくじ引きにしてほしいと頼んだのですが……」

H教諭「②なぜ、I先生は一方的に決めてしまうのだろうね？」

生　徒「授業中におしゃべりが多く、他の先生方から苦情があるらしいんです」

H教諭「私の授業のときには、あまりおしゃべりは気にならないけどね」

生　徒「H先生の授業は面白いから、皆、しっかりと授業を聞いています」

H教諭「どちらにしても、先生が一方的に座席を決めるのは、あまりよいことではないよね。生徒全員で席替えのやり直しをお願いしてみたらどうかな？」

生　徒「席替えだけじゃなく、掃除当番や体育祭などの係もすべてI先生が一人で決めてしまうんです」

H教諭「③え〜？　それは絶対に間違ってる。何かあったら先生が助けてあげるから、クラス全員でI先生と話をしたほうがいいよ」

生　徒「わかりました。皆に相談してみます。ありがとうございました」

――3週間後、H教諭は教頭に呼ばれた。

教　頭「君は生徒たちにI先生に抗議をするように提案をしたそうだね。保護者からも苦情の電話が殺到して、I先生はとても困っているんだよ」

H教諭「④でも、I先生が生徒の声に耳を傾けないことにも問題があるのではないでしょうか？」

教　頭「一つ覚えておいてほしい。学校はチームで仕事をする場所なんだ」

H教諭「……」

解説　学年主任や管理職への報告の必要性を理解する

KEY WORD
●
席替え・チーム・報告

　教育基本法第6条（学校教育）第2号に「学校においては、教育の目標が達成されるよう、教育を受ける者の心身の発達に応じて、体系的な教育が組織的に行われなければならない。（一部抜粋）」とある。これには、組織で取り組まないと成果が上がらないという意味も含まれているのである。

　現在、国の審議会などで教師の資質向上のための議論が繰り返されている。一人一人の教師の資質向上は重要な課題であることに間違いはない。ただし、向上した資質が組織の中で機能されなければ子どものためにならないばかりか、マイナス効果を引き起こすことにもなる。教師の資質向上の先には子どもがいるのである。

　本事例では、確かに、I教諭が生徒の声を聴かずに何でも自分で決めていってしまうことは問題である。しかし、H教諭も生徒の話のみでI教諭の行動に対してコメントをすべきではないだろう。

　また、生徒から相談されたH教諭には、解決に向けた方法が他にもあったはずである。例えば、学年主任や管理職へ報告をするなどである。チームでは、お互いに助け合うことが大切である。

　「組織の最大の危機は信頼を失うことである（田中正博氏）」を常に意識しておきたい。

ポイント

❶各種研究会などに積極的に参加をすることは、視野を広げるとともに課題意識を持つことにもつながる。研修会で得た知見や情報などを、状況に応じて生徒指導主事や学年主任などに提供することは、最終的には子どものためになると考えたい。

❷生徒に、「なぜ……？」という問いかけをすることはよいことである。この場合、「なぜ、I先生は一方的に決めてしまうんだろうね？」と聞くことで、生徒の発言の根拠を引き出すことができる。

❸生徒の話のみで正否を判断するべきではない。この場合には、「I先生にも確かめてみるから少し時間がほしい」などと伝えて、まずは、学年主任や管理職に報告をすることが賢明であろう。

❹たとえI教諭の言動が間違っていたとしても、それを批判するだけでは生産性に欠ける。I教諭が非難されないような行動をすることも、同じチームの仲間としてすべきことである。

情報モラルの大切さを伝える

事例42

　①7回目の採用試験で合格したH教諭は、I小学校に着任し、4年生の担任を受け持つことになった。自らの経験から、「あきらめないで②我慢することの大切さ」を常に子どもたちに話をしている。趣味は写真で、地域の展覧会では何度も入賞している。

　講師時代の教え子が、中学2年生のときにインターネット上の掲示板に嫌な写真を投稿され、誹謗中傷されたことが原因でリストカット（自殺未遂）してしまった。このことから、H教諭は日々の授業を情報モラルの視点を持って実践している。

　総合的な学習の時間では、班別にお互いの写真をデジタルカメラで撮影し、写真集をつくるという作業を行った。「人の写真を使うときは本人の了解を得る」（肖像権）という約束のうえで作成した写真集は、保護者からも好評であった。

　国語の授業では③文字だけでの話し合いを班別に行った。言葉は発してはならず、しかも、小さなメモ用紙に30字以内という制限をつけた。文字のみで伝えるむずかしさを実感した子どもたちは、相手に伝えたいことが、正確に伝わるかを確認するために、自分で書いた文章を何度も読み返すようになったという。

　同様に、ある日の学級会では、男子中学生が小学生を脅かして泣かせる映像をインターネットの動画サイトで公開した事件を題材にして話し合いを行った。その際、発言や意見はすべて文字のみで行った（匿名性）。H教諭は1回1回、意見のない白紙も含めて、子どもたち全員から発言用紙を回収した。

　④子どもたちは、匿名であるため、気軽に発言した人（情報量）が多かったということを実感できた。

　H教諭の実践が契機となり、次年度からは、情報モラル教育を全学年での教育課程に位置づけて実施することになった。さらに、PTAが中心となって、家庭における情報モラル教育のリーフレットも作成することになった。

常に子どもが安心して学校生活を送れるように考える

　教育基本法改正後、国の審議会などでは各学校種間の連携・接続の必要性が示されており、義務教育段階では9年間の系統性を視野に入れた教育活動が強く求められている。

　本事例において、教え子の自殺未遂の件から、小学校段階から中学校以降のトラブルを回避できる力を身につけさせたいというH教諭の想いは、小中連携教育の本質をとらえている。スマートフォンをはじめとした、様々なインターネット端末の普及により、子どもがインターネットを活用するという前提で、小学校低学年段階からの情報モラル教育が必要である。

　「深刻ないじめは、どの学校にも、どのクラスにも、どの子どもにも起こりうる」というフレーズからは、被害者のみならず、誰でもが加害者になりうるということを心にとどめておきたい。

　『いじめ防止対策推進法』が施行（平成25年9月28日）され、各学校は国が定めた『いじめ防止基本方針』を参酌しながら「学校いじめ防止基本方針」を策定することが義務づけられている。その際、たとえ、いじめの件数がゼロになったとしても、子どもが「いつかいじめられるのではないか」とビクビクしながら学校生活を送ることのないような方針にすることが大切である。すべての子どもたちが安心して学校生活を送れるようにすることでいじめが発生しないようになることが本来の姿ではないだろうか。

ポイント

❶地域によっては依然として採用試験の倍率が高いところがある。しかし、長年の講師経験は正規採用後に、H教諭同様に素晴らしい実践を行うことに結びつくだろう。

❷念のため、子どもに、何でもかんでも我慢をしなければならないと伝わることで、自宅などでの虐待やいじめ被害についても我慢をし続けなくてはならないという誤解が生じないようにしたい。

❸コミュニケーションにおいて、自分が伝えたいことが、相手に正確に届かない場合が少なくない。相手のことを第一に考えた文章を作成するという仕掛けが含まれている文字のみでの話し合いは、「相手の立場に立って考えられる人」を育てることにもつながるだろう。

❹無責任な情報や誹謗中傷など、匿名性の問題点にも触れておく必要がある。この題材の事件では、実際に中学生が警察に補導されている。匿名であっても調べればわかるということも伝えたい。

KEY WORD: インターネットの普及・情報モラル・文字だけでの話し合い

事例43 授業の中で子どもたち同士の絆をはぐくむ必要性とは

　大学を卒業したばかりのK教諭は、新規採用教員としてJ中学校に着任した。担当教科は数学で、2年生の副担任である。

　J中学校の2年生は、他学年に比べて基礎学力が定着していない生徒が多く、授業中の雰囲気も活気があるとは言えない。①そのため、K教諭は2学期から「学び合い」の授業を取り入れることにした。

　毎時間、50分間の中で15分間を4～6人のグループ内で、お互いに教え合う時間としている。11月に入り、「学び合い」の授業も板についてきて、教室に何となく活気が見られるようになった。

　しかし、2学期末の定期考査では、担当したクラスの成績が著しく低下してしまった。②K教諭は担当しているクラスの生徒全員に、「授業が理解できるか」、「主体的に（数学の）学習に取り組んでいるか」などの簡単なアンケートを行った。アンケート結果では、授業を理解している生徒が全体の約60％で、主体的に取り組んでいる生徒は約30％であった。

　アンケート結果を見て、大変落ち込んでしまったK教諭は、③数学科以外の先輩教師や教頭先生にも「学び合い」の授業についての助言をもらうことにした。

　ある先輩教師たちからは「表面的には授業が成立しているが、生徒は積極的ではない」、「グループ編成に工夫が必要」、「無理に学び合いの授業をする必要はないのでは」などといった意見が出された。

　④先輩教師の意見を踏まえて、K教諭はそれまでのグループから、2人1組での「学び合い」にした。しかも、初めは生徒の自己申告により、数学が得意な生徒と苦手な生徒、次に得意な生徒同士と苦手な生徒同士となるように工夫をした。

　1ヶ月後、再度、生徒にアンケートを行った。しかし、「授業が理解できる」も「主体的に学習に取り組んでいる」の回答も、前回とほとんど変わらなかった。さらに、自由記述欄には、「普通の授業にしてほしい」、「授業が楽しくない」、「○○さんと同じグループだと集中できない」などといった声が多かった。

「学び合い」は何のためにやるの？

KEY WORD
授業改善・学び合い・アクティブ・ラーニング

　現行の学習指導要領によると、「何を学ぶか」という指導内容の見なおしに加えて、「どのように学ぶか」、「何ができるようになるか」の視点から改善され、課題の発見・解決に向けて主体的・協働的に学ぶ学習（いわゆる「アクティブ・ラーニング」）の充実が求められている。

　本事例において、K教諭は授業改善を図るために「学び合い」の手法を取り入れたが、思い描いていた結果には至らなかった。そもそも、生徒に基礎学力を定着させるために、なぜ「学び合い」の授業を取り入れるのかという考えがないと結果はついてこない。さらに、生徒が「クラスメイトと学び合いたい」と思わなければ、「学び合い」の授業はうまくいかないだろう。生徒が学び合いたいと思うことは学習意欲の一つであり、その意欲を持たせるような働きかけこそが、現行の学習指導要領で強調されていることである。

　勉強が苦手な生徒でも教室に居場所があり、お互いが気軽に「聞き合う」という作業をすることで、生徒同士の絆が生まれる。

　たとえ授業の中であっても、生徒の居場所と生徒同士が絆をつくれるような観点を重視した働きかけをすることが、今後は強く求められている。

ポイント

❶生徒の実態や状況に応じて、日々の授業スタイルを少し変えてみようという柔軟な発想は、教師にとって大切なことである。

❷生徒の生の声に耳を傾けようとしたK教諭の姿勢は大変素晴らしい。このような姿勢が自らの指導を見なおすことになり、それが生徒の成長にもつながるのである。

❸謙虚な姿勢で助言を求めることは、若手教員にとって最も大切なことである。助言を求めることで、先輩教師や同僚教師との間に信頼関係が生まれるかもしれない。

❹K教諭は無意識のうちに授業でのPDCAサイクルを回している。生身の人間である生徒は日々変化をしているため、教師も自らの指導（D）を常にチェック（C）して、改善（A）を試みる必要がある。

部活動を引き継いだ顧問の在り方とは

　L高等学校のM教諭は、正規採用１年目の教員である。教科は保健体育で、自ら高校と大学時代にバスケットボールの選手として全国大会で活躍をした経歴がある。

　着任早々、女子バスケットボール部の正顧問となったM教諭は、自らの経験からバスケットボールを通して「あいさつ」、「時間」、「（試合に勝つための）努力」の大切さを生徒に教えたかった。そのため、①これらの点が欠けていると判断したら、生徒がボールに触ることを認めなかった。昨年度までは、生徒が中心となって活動していたため、特に３年生部員は、M教諭の指導方針に反発していた。３年生最後の大会直前に、３年生部員の数人が副顧問（昨年度まで正顧問）のN教諭に相談に来た。

生　徒「先生、私たち退部します」
N教諭「なんだって。今度の大会が高校最後の大会になるかもしれないんだよ。最後まで頑張りなよ」
生　徒「M先生が顧問になってから楽しくないんです」
N教諭「M先生は選手実績のある人だよ。本格的にバスケットボールを学べるチャンスじゃないか」
生　徒「②私たちは皆で楽しく部活動をしたいんです。あいさつができないとか、努力が足りないなどという理由で、毎日掃除ばかりさせられています。後輩の前で恥ずかしくて仕方がありません」
N教諭「そのことをM先生には言ったの？」
生　徒「③そんなこと言えません。仮に言ったとしても、耳を傾けてくれませんよ」
N教諭「とにかく、今退部すると後悔につながるから、自分ができることを精一杯やってみなさい。絶対に退部なんかしたらだめだよ」
生　徒「……わかりました」

　大会には、メンバーの３分の２以上が下級生で出場した。試合中、応援席にいる３年生は相手校がシュートを決めるたびに、小さくガッツポーズを繰り返していた。

　試合は僅差で初戦敗退。試合後のミーティングで、M教諭は生徒たちに言った。「④スコアの差はあいさつ、時間、努力不足の差だね。明日からの新チームでは、本気で取り組む気持ちのある者だけがコートに来なさい」

解説 生徒のニーズを把握する

KEY WORD

部活動・指導方針・引退試合

　4月に部活動の顧問が代わり、方針やこれまでの練習内容が一新されたことで、引退試合を目の前にしている3年生が困惑し、その時点で退部をするというケースがとても多い。

　本事例において、M教諭と生徒との部活動に対する価値感の差が見られたことが、3年生の理解を得られなかった大きな原因であろう。M教諭が伝えようとしている「あいさつ」、「時間」、「努力」は、どれもとても大切なことである。

　しかし、「伝えたいことは、生徒自らが実感したときにこそ伝わる」ものである。そのため、多少の時間がかかることは当然である。したがって、4月から部活動を引き継いだ顧問は、生徒が強く望まない限り、前任者の指導や3年生のこれまでの活動に対する配慮もしたいところである。自らの方針は、日々の地道な活動を通して定着させるべきではないだろうか。「1日で築かれたものは1日で崩れる」のである。

　部活動のみならず、教師には生徒のニーズを把握するとともに、生徒が主体的に取り組めるように働きかけることが求められる。

ポイント

❶生徒の力量を高めるためには、できなかったら罰を与えるなどの外発的動機づけではなく、自らの目標を見つけ、生徒自らが積極的に行動をするような働きかけ（内発的動機づけ）が効果的である。

❷一人一人の生徒が活躍できる場や機会をつくることが大切である。このことは、他者から認められていると感じる、生徒の自己有用感をはぐくむことにつながる。

❸生徒の意見をすべて取り入れなくとも、日頃から生徒の声に耳を傾けて、教師と生徒が気軽に対話ができる雰囲気があれば、このような発言は聞かれないだろう。

❹M教諭は、試合に勝つために「あいさつ」、「時間」、「努力」の3点を伝えようとしたわけではないのではないか。3年生にとっては、これまでの活動をすべて否定されたことになる。以前よりもできるようになったことを一つでも認めてあげたい。

競技未経験の部活動顧問の行動とは

　Q中学校に着任した英語科のP教諭は、3月に大学を卒業したばかりである。P教諭は着任前（3月）の事務連絡の際、校長から「剣道部の顧問を引き受けてほしい」と言われた。これまで運動経験がなく、大学では囲碁・将棋サークルに所属していた①P教諭は、「わかりました」と返答したものの、内心は穏やかではなかった。

　4月に入り、②P教諭は顧問として部活動の開始から終了まで必ず剣道場に居た。ただし、生徒の稽古を黙って観ているだけだった。ある日、2年生のR男が「先生、僕、最近調子が悪いんですけど、どうしたらいいですか？」とアドバイスを求めてきた。③P教諭は「ごめんね、先生はまだ剣道のことがよくわからないからアドバイスができないんだよ。でも、自信を持って頑張りなよ」と話した。

　5月の連休後、P教諭は市内にある剣道教室に入門した。週に3回、部活動終了後に車で道場に行き、自らの稽古をした後、再び学校へ戻り、翌日の授業準備をするという生活を繰り返していた。教頭先生や周囲の先生方も「あまり無理をしないほうがいいよ」とP教諭の体調面を心配して声をかけてくれていた。

　10月のある日、剣道教室の先生が「まだ早いとは思うけど、市民大会に申し込んでおいたから」とP教諭に話しかけてきた。P教諭の「その市民大会には生徒が出場するので、引率をしなければならないんです」に対して、剣道教室の先生は「中学生の部は午前中で、一般の部は午後だから大丈夫だよ。頑張りなさい」と話した。

　大会当日の午後、P教諭は一人で自分の（試合の）順番を待っていた。14時過ぎに、やっとP教諭の試合が始まったが、相手との実力差は誰が見ても明らかであった。P教諭は必死に相手に立ち向かったものの、1回戦で敗退した。

　その時、会場から拍手が起こった。それは、午後になっても帰宅せずに会場に残っていたP中学校の剣道部の生徒全員と生徒の応援に来ていた数人の保護者からのものだった。P教諭は道場に通っていたことも、④自分が試合に出場することも生徒には伝えていなかったが、生徒も保護者もP教諭のこれまでの努力を知っていた。

　そして、会場の入り口では生徒も保護者もP教諭のことを待っていて「先生、負けたけどかっこよかったよ」、「次も応援に来ますから頑張ってくださいね」などと、声をかけてくれた。4月にP教諭にアドバイスを求めたR男も「先生、僕もっと頑張る」とP教諭に話した。

　P教諭は、恥ずかしそうに「これからもよろしくお願いします」と皆に話した。

主体的に学び続ける教師

KEY WORD

部活動・競技未経験教員・使命感

　文部科学省に置かれている中央教育審議会には、「教員の資質能力向上特別部会」が設置されており、平成24年8月の答申「教職生活の全体を通じた教員の資質能力の総合的な向上方策について」では、これからの教員に求められる資質能力として、教職に対する責任感、探求力、教職生活全体を通じて自主的に学び続ける力（使命感や責任感、教育的愛情）の必要性が今後の課題とされた。

　本事例において、P教諭は決して周囲へのパフォーマンスなどではなく、使命感から苦手な運動についても主体的に学ぼうとしている。どちらかというと、弁が立つとは言えないP教諭ではあるが、人の心に影響を与える人とは、どういう人なのかを改めて考えさせられる。試合会場に残っていた生徒と保護者は、P教諭のまじめな人柄と努力する姿勢に拍手を送ったのである。主体的に学び続ける教師の姿は、生徒にとっては最高の教材である。

ポイント

❶中学校の部活動で、ほとんどの顧問が担当している競技などについて未経験者であることが現状である。部活動顧問の仕事は技術などを指導することのみではないことを、改めて確認したい。

❷部活動顧問は、生徒が活動している場所に居ることが仕事である。活動における安全配慮義務は、部活動顧問の第一に果たすべき役割である。

❸生徒が顧問にアドバイスを求めるときは、技術的以外の部分が多いと思われる。生徒の良い状態と悪い状態を比較できるのは、毎日、生徒の活動を見守っている顧問だけである。

❹顧問が担当する競技などをゼロから始めることは恥ずかしいことではない。むしろ、生徒は毎日いっしょに活動してくれる顧問に親近感を持つものである。

「判決書教材」を活用した授業の実践

　N小学校の4年2組の担任であるO教諭は、正規採用1年目の教員である。O教諭は大学院時代に「いじめ」の判例研究をしていた。そのため、講師時代から、①「人を傷つける行為は絶対に許されないこと」を児童に伝えようと、小学生向けの「判決書教材」を作成し授業で実践していた。

　この教材は、②学校内で起こった様々な問題に対して裁判所がどのように判断したのかを、一人一人の児童が考えながら学べるような内容である。

　O教諭は正規採用されたN小学校でも、この自作教材を活用した授業実践を行おうとした。しかし、周囲の先生の意見は「小学4年生に判例はむずかしいのではないか」、「初任者である今年は、他の学級に歩調を合わせた授業をしたほうがよい」などと否定的なものが多かった。

　③O教諭は、「校内での初任者の研究授業で、この教材を活用した授業をやらせてほしい。先生方の評価が好ましくなければ、それ以降はこの教材を使いません」とお願いした。O教諭の指導担当教員や教頭先生もO教諭の熱意に押されて了承した。

　研究授業の内容は、「太郎は授業中に二郎から悪口のメモをわたされたので、その仕返しに二郎に足をかけた。すると、二郎は机のかどに左ひじを当て、骨折してしまった（参考：東京地裁判決平成5年7月20日）」というものであった。そして、グループで話し合い→各自が感想を記入する→個別に発表、という流れで授業を進めた。

　児童の感想は「太郎が暴力をふるったのは二郎のせいだという言い分は言い訳にしかならない」、「④悪口を言われたら、言葉で抗議をするか、先生にうったえるのがよいと思う」、「人を傷つける言葉は、『ぶじょく罪』という罪になることがわかった」などであった。授業を参観していた校長をはじめとして、ほとんどの先生方が教材の内容とともに児童の真剣さに関心していた。

　その後、次年度からは4～6年生の全学級でこのような授業を行うために、O教諭が中心となって「判決書教材」を作成することが職員会議で決定した。

教育活動に信念を持つ

　O教諭は正規採用1年目の教員であるが、自らの教育観に一貫性があり、講師時代から実践していることを継続しようとする姿には好感が持てる。しかも、一般的にむずかしいものと認識されている裁判例を小学生用に教材にするという発想は賞賛に値する。仮に、O教諭が採用試験に合格をすることのみしか考えずに講師生活を送っていたのであれば、このような教材は生まれなかったのかもしれない。

　教材のオリジナリティーはもちろんのこと、常に児童に考えさせて、全員で話し合いをするという授業スタイルとO教諭の熱意が児童の正直な感想に結びついていると確信する。

　講師時代から信念を持って教育活動をしている人は、当然のことながら正規採用1年目から自信を持って教壇に立つことができる。このことは児童生徒のためになることである。

KEY WORD

教育観・教材・オリジナリティー

ポイント

❶今なお、学校で起こっているいじめや暴力などの問題解決には、この視点が不可欠である。しかも、小学生から繰り返し伝えることなしに、このような問題を根絶させることはできない。

❷裁判所が判断したことは、社会で遵守すべき規範であると言える。裁判例を形式的にとらえるのではなく、児童がその判断がくだされた過程について考えることは、規範意識の内面化に結びつくと考えられる。

❸教師も組織の一員であることを忘れてはならないが、自分が信念を持って取り組んできたことを積極的にアピールすることは悪いことではない。逆に言うと、そのぐらい信念が持てる取組を一つは持ちたい。

❹ただ単に、善悪について理解したのではなく、解決や予防のための具体的な行動例が児童の感想から出てくることは貴重なことである。このような声を児童から引き出すような問いかけを常に行いたい。

栽培活動は生命尊重の気持ちにつながる

　男子校であるR高等学校に着任したS教諭は、採用2年目の教員である。担当は生物で、今年度から1年3組の担任になった。S教諭は子どもの頃から植物が大好きで、現在でも、植物の品評会や即売会などに出かけては、1回に数種類の植物を購入してくる。
　入学式の翌日、S教諭は1年3組の教室にシクラメンの苗が入った植木鉢を置いた。
　S教諭「①シクラメンの花言葉を知っていますか？」
　生徒全員「……」
　S教諭「シクラメンの花言葉は『絆』です。また、シクラメンは花の色ごとに違う花言葉があるのです。赤い花は『絆』と『愛情』で、白い花は『思いやり』です」
　生徒A「そうなんですか。初めて聞きました」
　S教諭「②ここに、赤と白のシクラメンがあります。皆で育てて花を咲かせてみませんか？」
　生徒B「植物を育てるなんて、小学生みたいだな～」
　生徒C「でも、育て方がわからないし……」
　生徒D「当番制にしてはどうですか？」
　S教諭「それはいいですね。日直の人が交代で面倒をみることにしましょう」
　その日から、生徒が交代で水を注ぎ、天候に応じて植木鉢の置き場所を変えたりした。ちなみに、③土・日曜日はS教諭が面倒をみていた。
　6月の下旬、S教諭は県外出張で3日間不在であった。その間、日直の生徒が鉢植えに水を注ぐことも、直射日光が当たるベランダに放置したままであることもすっかり忘れてしまっていた。そのため、シクラメンの葉がしおれてしまった。出張から戻ったS教諭がシクラメンの状況を見て落胆をしていると、一人の生徒が「先生、また新しいシクラメンを買ってきてあげるよ」と言った。その言葉を聞いた④S教諭は「植物は口が利けないんだよ。人間や動物は、痛かったり苦しかったりしたら訴えることができるけど、植物は話ができないんだ……」と言った。
　翌日から、生徒たちはまるで動物を育てるように丁寧にシクラメンに接するようになった。夏季休業中も生徒が交代で面倒をみることを生徒同士の話し合いで決めた。9月には、古い土を1／3ほど入れ替えて、鉢もひとまわり大きなものにした。それ以降も、生徒たちは1日も欠かさず地道にシクラメンの面倒をみていた。1月、白いシクラメンにつぼみができた。そして、2月初旬に花が咲いた。生徒の中には涙を流す者もいた。

植物は口が利けない

　近年、日本では環境教育の一環としての飼育栽培活動の必要性が求められている。この活動の大きなねらいは、生命を尊重する心をはぐくむことである。本事例において、S教諭の「植物は口が利けない」からは、生命尊重の大切さを改めて考えさせられる。
　生徒の「植物を育てるなんて、小学生みたいだな〜」という言葉にも見られたように、飼育栽培の活動は情緒豊かな子どもをはぐくむという目的から小学校で行われることが多い。しかし、生命を尊重する心はどの年代にも必要なことである。また栽培活動は、植物に愛情を注ぎ、仲間と協力して作業をすることの大切さや、責任を持って役割を果たそうとする気持ちを培うことにもつながる。栽培活動は高校生にとっても、必要な活動であることを、本事例が教えてくれた。
　特に夏以降は、クラスの生徒全員が主体的にシクラメンを育て、やっと花を咲かせたことは、1年3組の生徒たちの間に「絆」がはぐくまれたことに疑いはない。

KEY WORD：栽培活動・生命尊重・絆

ポイント

❶花言葉を用いて、生徒が植物について興味を持てるような問いかけをすることは、生徒への働きかけにおいて参考にできる。

❷実際のシクラメンを用意し、決して教師の立場での強制ではなく、花が咲くことの素晴らしさを伝えたいというS教諭のストレートな気持ちが生徒に信頼感を与えている。

❸S教諭には、生徒に「やらせる」という姿が感じられない。S教諭が心からシクラメンの花を咲かせたいという姿が行動に表れている。このような行動が生徒指導には必要なことである。

❹このような状況でも、S教諭は決して生徒を怒るようなことはしていない。植物に対する想いを、自分の言葉で正直に生徒に訴えているからこそ、生徒の心に届き、生徒の主体的な行動に結びついているのである。生徒指導に必要なことは、テクニックではない。

「違反切符」を交付する指導は有効か？

　A中学校のS教諭は28歳。採用後5年目の教員である。新採時より校務分掌は生徒指導部であり、生徒の規律面についてはとても厳しく指導をしていた。A中学校の教職員の年齢構成は40代後半から50代と20代で9割を占め、30代の教職員は3人であった。①そのため、今年度からS教諭が生徒指導主任を務めることになった。

　最近3年間のA中学校は、暴力行為の発生件数が県下ワーストである。遅刻、無断欠席、授業エスケープをする生徒も多く、服装、頭髪などの整容面をはじめ、学校は様々な生徒の問題行動に対する指導に大変苦慮していた。

　生徒指導主事になったS教諭は、年度当初に「違反は小さなことでも曖昧にしない」と「誰に対しても平等に指導をする」という2つのことを、管理職の了解のもと、教職員の申し合わせ事項として提案をした。具体的には、時間励行（遅刻、授業遅刻）、身だしなみ（服装・頭髪など）、授業時（授業妨害、授業放棄）、反社会的行為（喫煙、暴力行為、万引き、器物損壊など）などに対して、②違反行為の基準を事前に明示し、違反者には行為に応じた「違反切符」を交付するというものであった。そして、1週間の違反点数を合計し、合計点数に応じたペナルティーを翌週の月曜日に行うという方式であり、ペナルティーを終えれば、当該生徒の違反点数はゼロにリセットされるというシステムであった。③ペナルティーの内容は点数に応じて、反省文、校内清掃、部活動1週間停止、保護者召還などである。このように、違反行為の合計点数によって指導内容も異なるが、学校教育法第35条で法的に定められている「出席停止」までの設定はなく、あくまでも、生徒への反省を促すことを主目的としている。ペナルティーを科すことに対して、快く思っていないベテラン教員も少なくなかったが、最近までの生徒の問題行動の状況から、強く反対をする者はいなかった。

　この取組の成果としては、違反の総件数が1学期間で昨年の同時期に比べて10分の1に減少しており、授業遅刻に関しても大きく改善された。ペナルティーの傾向については、1ペナルティーを2回科せられた者はゼロであり、2、3年生についてはわずかに見られるものの、3回科せられた者はゼロであった。

　④年度末に、S教諭はこの「違反切符」の取組に関するアンケート調査を教職員と生徒を対象に無記名方式で実施したところ、生徒からは「賛成」と「反対」に2極化し、教職員からは、「反対ではないが、取組の改善が必要」という声が多く見られていた。

　S教諭はアンケート結果を踏まえて、次年度に向けた取組に対して改善案を模索している。

解説　「マイナスをゼロに」から「ゼロからプラスに」

KEY WORD

規律・事前明示・ペナルティー

　本事例は生徒指導の原点について深く考えさせられるものである。Ｓ教諭が教職員に提案した「違反は小さなことでも曖昧にしない」と「誰に対しても平等に指導をする」は教師が生徒を指導するうえで当然と言われてきたことである。しかし、その当然のことを教職員間の意識と行動にズレが生じているために指導が曖昧になり、そのことが生徒や保護者の学校や教師に対する不公平感を生み出していると思われる。

　Ｓ教諭が提案した「違反切符」を交付するという指導は、その趣旨を明確にするとともに、指導後に予測されるメリットとデメリットを十分に考えたい。また、期間を設けて施行し、取組についての点検・改善をしたうえで実践をすることも考えられる。

　本事例での「違反切符」を交付する指導は、「事前明示」と「公正な運用」についてのこれまでの課題を解消する可能性もある。懲戒などに関わる基準は内規では決められているものの、事前に生徒・保護者に文章で明示をしていないことが一般的であるだろう。また、「公正な運用」として、細かな基準を決めても、指導をするのが人間であれば、多少の差が生まれることは当然のことである。「違反切符」の方式を契機として、これまでの自分たちの生徒指導に欠けていた部分はなかったかどうかを、念のため、教職員全員で確認することが何よりも大事である。

　学校は問題行動の発生件数をゼロにすることが最終目的ではない。生徒の社会的自立に向けて、いかに生徒の成長を促すかが、学校や教師には求められている。「マイナスをゼロに」から「ゼロからプラスに」の部分を強調した取組も同時に重視したい。

ポイント

❶教職員の大量退職の時代を迎え、若手教員の増加とミドルリーダーの人材不足はどこの地域でも喫緊の課題である。一方、採用５年目の20代の教員が主任の仕事を任されるという経験は、５年後、10年後の学校が本当に楽しみである。

❷違反行為の基準を事前に明示をすることは良いことである。むしろ必要なことである。ただし、「事実行為としての懲戒」であっても、明示する内容が在籍しているすべての生徒や保護者に伝えられないとトラブルに結びつく可能性もある。

❸ペナルティーを科す意図を明確にしたい。ペナルティーを科すこと自体が目的になってしまうと、生徒はペナルティーを科せられないようにするという意識で行動するようになり、「なぜ、その行為がいけないのか」を考えなくなるかもしれない。

❹生徒に対しても、無記名式アンケートで取組の点検をしていることに、Ｓ教諭の本気度が伝わってくる。ただし、どんな取組であっても、「その先には生徒がいる」ということを忘れないでほしい。

事例49 あいさつの意義を考える

　新規採用のA教諭は、母校であるR小学校に着任し、4年2組の学級担任を受け持つことになった。①学級目標は「あいさつのできる子」とした。R小学校では、6月に女性の教育実習生（以下、実習生）を2名受け入れた。教員を目指している2人が所属する学年は3年生と5年生であったため、仕事上では、A教諭と実習生との接点はなかったが、2人ともA教諭と同じR小学校が母校であった。

　教育実習初日の朝、校長先生が2名の実習生に、教育実習期間中の心構えなどについてレクチャーをした。2人の実習生は校長先生の言葉を一字一句メモしていた。2時間目と3時間目の中休み、教頭先生に呼ばれていたため、2人の実習生はいっしょに職員室に向かって廊下を歩いていた。

　その時、反対側（職員室方面）から校長先生が歩いてきた。校長先生と実習生たちとの距離が徐々に近くなり、②校長先生は実習生たちに笑顔を向けていた。しかし、実習生たちは、すれ違いざまに校長先生をチラッと見つつも無言で職員室へ向かって歩いて行った。その後、校長室に戻った校長先生は教頭先生にこの出来事を伝えた。

　校　長「2時間前に、私は実習生たちにレクチャーしたばかりです。当然、彼女たちは私の顔を覚えているはずです。それにもかかわらず、あいさつもせずに通り過ぎていくとはどういうことなのでしょうかね」

　教　頭「実習生には、私からしっかりと指導をしておきます」

　校　長「やらされているあいさつには意味がないと思いますよ。私が残念でならないのは、③昔からあいさつを励行している本校の卒業生である実習生たちにそれが身についていないということなのです」

　教　頭「……」

　放課後、校長先生が4年2組の教室に来た。そして、掲示物の整理をしているA教諭に話しかけた。

　校　長「A先生、あなたは本校の卒業生でしたよね。当時の本校では、先生はあなたたちに、どのようにあいさつを教えていましたか？」

　A教諭「あいさつですか？　うーん……④正直、あまり記憶にないですね。朝の会、毎時間の授業の始めと終わり、帰りの会と、あいさつすることが当たり前だったので、教えてもらったという記憶よりも、あいさつしないで怒られた記憶しかないですね」

　校長先生は、肩を落として、淋しそうに校長室に戻っていった。

解説　心に届く働きかけとは

KEY WORD

あいさつ ● 教育実習生 ● コミュニケーション

　実習生があいさつをしなかった理由について考えてみたい。考えられる理由は、①校長先生であることに気がつかなかった、②あいさつをすることが恥ずかしかった、③あいさつをする必要性を感じていなかった、などであろう。

　①については、2時間前に顔を合わせていたので考えにくい。仮にそうであったとしても、校内で関係者とすれ違ったのであれば、会釈ぐらいはしてもよいだろう。②であるならば、教師という仕事には向いていないだろう。③であるとしたら、学校教育の意義を考えさせられることである。日本の学校では、小学1年生から高校3年生まで、朝と帰りの連絡会や毎時間の授業開始時と終了時に全員であいさつすることが一般的である。そうであるならば、週5日、1日6時間の授業で計算すると、1年間で約3000回、小1から高3までの12年間で約36000回のあいさつをしてきたことになる。それにもかかわらず、あいさつが身についていないということは、それを形式的にやらされてきただけだということが、A教諭の「あいさつしないで怒られた記憶しかない」という言葉からも明らかである。

　校長先生が「やらされているあいさつには意味がない」と話しているように、あいさつの意義を子どもに考えさせる働きかけが必要であろう。例えば、道徳教育の時間や学級会の時間などで、「あいさつはなぜするのか？」などで協議をすることは、日々の子どもの行動に結びつくと思われる。

ポイント

❶担任教師が一人で学級目標を決めて、子どもに示すのみでは、子どもの意識と行動にまで結びつく可能性は低いだろう。子どもたちは、自分たちで考えて決めたことには、意識を持って行動すると思われる。

❷非言語的なコミュニケーションである笑顔を向けることも、この場合では、あいさつといえる。あいさつは相手が年下であっても、小学1年生の子どもであっても、あいさつをする人も、される人も、楽しい気持ちになれるのではないだろうか。

❸小学校で、子どもにあいさつの意義を考えさせて、その後、中学校でも継続した働きかけをするなど、義務教育9年間で子どもを育てるという意識が、教師にはこれまで以上に求められている。

❹「記憶にない」という言葉からは、小学校時代の教師や学校の働きかけが、子どもの心にまで届いていなかったことになる。子どもが意識して、日々の生活で行動してきたことはいつまでも忘れないであろう。

事例50 学校は塾ではない

　A高等学校に着任した国語科のB教諭は、新規採用教員である。B教諭は3月までの4年間、臨時採用教員として他校で勤務していた。

　A高校は、県下一番の進学校で、毎年、数多くの生徒が難関大学に合格する実績を誇っている学校である。3月中旬に事務連絡でA高校を訪問した際、（A高校の）校長先生から過去5年分の東京大学の入試問題を手渡された。そして、「4月から、このレベルの問題を生徒たちにわかりやすく教えてあげてほしい」と伝えられた。B教諭はとても驚き、心の中で「東大の入試問題など、自分が解けるわけがない」とつぶやいていた。

　①B教諭が3月まで勤務していた学校は、大学進学を希望する生徒が少なかった。そのためB教諭は、学習指導よりも、むしろ部活動や学校行事などに力を注いでいた。B教諭は、校長先生から課せられた入試問題に必死に取り掛かった。しかし、全く手がつかない問題もたくさんあり、（4月からの）勤務前に全く自信をなくしてしまっていた。

　4月になり、始業式の翌日から3年生の授業が始まった。A高校では、国語・英語・数学・理科・社会の5科目は、基本的に3年生の1学期までに教科書を終わらせて、2学期以降は大学入試問題の演習をすることになっている。そのため、1回の授業進度を速めなければならず、B教諭は日々の教材研究に四苦八苦していた。

　4月下旬の授業中、B教諭は生徒のC男から授業の内容に関する質問を受けた。②B教諭は、質問された内容について、うろ覚えのまま回答してしまった。そのため、C男は余計に理解できなくなっている様子であった。③その時、生徒のD子が「今の先生の回答は間違っています。C男君が質問した答えは○○○ではないでしょうか？」と発言した。C男も「D子のおかげでやっと理解できた」と言った。

　この日を境に、B教諭はすっかり落ち込んでしまった。授業中に生徒から質問されることを恐れ、「④生徒全員が自分のことを馬鹿にしているのではないか？」などと疑心暗鬼に陥ってしまっている。毎日、夜遅くまで教材研究に努めてはいるものの、だんだん教材を開くことさえも嫌になり、「自分は教師には向いていないのではないか」と考え始めるようにもなった。教室に行くことにも恐怖感を抱くようになり、授業終了のチャイムが鳴ると逃げるように職員室に戻ってくる。そんなB教諭の心情を察した学年主任が「学校は塾ではないですよ。生徒全員が、学校は楽しく安全であると実感できる環境をつくっていきましょう」とB教諭に話した。学年主任の言葉に、B教諭は少し気持ちが楽になった。

　徐々にではあるが、休み時間も教室に居る時間が長くなっていった。すると、少しずつB教諭の周囲には生徒の輪ができるようになった。

解説　人として誠実に子どもと接する

本事例からは、現在の高校教育が抱える課題と教師に求められることは何かについて改めて考えさせられる。確かに大学への進学実績が、その高校への評価指標の一つであることは否定しない。しかし、学校教育（高等学校）の目的は大学へ合格させることではなく、生徒の社会的自立である。

校長先生が東京大学の入試問題を新規採用教員に課したのは、東京大学への合格者を増やすためであるとは考えにくい。校長先生は「（教師自身が）日々、努力することの大切さ」を伝えようとしたのではないか。

また、学年主任の「学校は塾ではない。（生徒全員が）学校は楽しく、安全であると実感できる環境をつくる」という言葉は、まさしく学校教育に不可欠なことであり、まず教師に求められることである。

そして、人格のある一人の人間（生徒）に対して、教師も人として、誠実に接することが大切である。

ポイント

❶たとえ大学への進学を希望しない生徒に対しても、学習指導は充実させなければならない。学校教育では、学習指導を通しての人格形成が大切なことである。

❷生徒からの質問に対して、わからないときはわからないと正直に伝えるとともに、次回までに（質問された内容を）調べてくるような誠実な行動が、生徒や保護者からの信頼につながるのである。

❸教師にも間違いがある。ただし、間違いを指摘されたときには、無理に言い訳をするのではなく、素直に訂正することが大切であり、それは人として当然のことである。

❹教師は知識のみを教えるという考えでいると、このような疑心暗鬼に陥ることになる。教材研究とは、生徒が興味を持てるようにするための工夫や働きかけを考えることである。

KEY WORD：東大の入試問題・疑心暗鬼・安全を実感できる環境

● 著者紹介

藤平　敦（ふじひら・あつし）

日本大学文理学部 教授（教職センター長）
（前 文部科学省 国立教育政策研究所 生徒指導・進路指導研究センター 総括研究官）

専門：教育学（修士）、生徒指導、教育相談（学校心理士）、
　　　特別活動、キャリア教育

高等学校教諭（20年間）と文部科学省国立教育政策研究所の総括研究官（12年間）を経て、平成31年4月より現職。文部科学省はじめ、様々な自治体における生徒指導関係の有識者委員等を務めている。好きな言葉は「ローマは一日にして成らず」。

主な著書に、『いじめの定義と歴史的変遷』、『初任者研修実務必携』（以上、第一法規）、『最新教育課題解説ハンドブック』（ぎょうせい）、『新しい時代の生徒指導・キャリア教育』（ミネルヴァ書房）、『生徒・進路指導の理論と方法』（玉川大学出版部）、『日米比較を通して考えるこれからの生徒指導』、『「違い」がわかる生徒指導』、『毎日の子ども理解＆指導の心得』（以上、学事出版）などがある。

若手教員の力を引き出す
研修でつかえる生徒指導事例50

2016年12月15日　初版発行
2023年 7月 1日　第3版1刷発行

著　者　　藤平　敦
発行人　　安部英行
発行所　　学事出版株式会社
　　　　　〒101-0051　東京都千代田区神田神保町1-2-5
　　　　　電話　03-3518-9655
　　　　　https://www.gakuji.co.jp
編集担当　町田春菜
制　作　　新日本印刷株式会社
編集協力　古川顕一
イラスト　クノケイスケ
印刷・製本　研友社印刷株式会社

落丁・乱丁本はお取り替えします。©Atsushi Fujihira, 2016
ISBN978-4-7619-2291-7　　Printed in Japan